Erzgebirge

EZV
BÄRENSTEIN

Michael Schnelle

Erzgebirge

mit Elstergebirge

50 ausgewählte Tageswanderungen
zwischen Bad Brambach und Geising sowie
zwischen Auerbach und der Tschechischen Republik

Mit 91 Farbfotos,
50 Wanderkärtchen im Maßstab 1:50.000 / 1:75.000 / 1:100.000 und
1 Übersichtskarte im Maßstab 1:500.000

BERGVERLAG ROTHER GMBH · MÜNCHEN

Umschlagbild: Burg Scharfenstein (Tour 17).

Bild gegenüber dem Titel (Seite 2):
Tiefblick vom Bärenstein zur Cranzahl-Talsperre (Tour 14).

Alle Fotos vom Autor mit Ausnahme der Seiten 37, 93, 111 (Tourismusverband Erzgebirge), 78, 83 (Lohse/TMGS) sowie 33, 44 und 109 (Roland Buchwald)

Kartografie:
Wanderkärtchen im Maßstab 1:50.000 / 1:75.000 / 1:100.000
gezeichnet von Barbara Häring, Gröbenzell © Bergverlag Rother GmbH
Übersichtskarten im Maßstab 1:500.000 und 1:850.000
© Freytag & Berndt, Wien

1. Auflage 2006

ISBN 3-7633-4009-2

BERGVERLAG ROTHER · München
D-85521 Ottobrunn · Haidgraben 3 · Tel. (089) 608669-0
Internet www.rother.de **· E-Mail** leserzuschrift@rother.de

Vorwort

Im Mittelalter war das Erzgebirge Zentrum des sächsischen Silberbergbaus. Heute dagegen präsentiert es sich als attraktive Wanderregion. Vom Haupteinfallstor Chemnitz steigt das Gebirge südwärts pultartig zur Grenze gegen die Tschechische Republik an, erreicht dort mit dem Klínovec/Keilberg, 1244 m, seinen höchsten Punkt und fällt dann in Böhmen steil zum dortigen Becken ab.

Den Wanderer erwartet eine abwechslungsreiche Landschaft mit vielen Aussichtspunkten. Fichten- und Mischwälder wechseln mit Wiesen und Feldern, im höheren Teil des Gebirges kommen karge Hochflächen und ursprüngliche Hochmoore hinzu. Die Bergwiesen im Osterzgebirge sind für ihren Artenreichtum bekannt. Auch das Wasser kommt nicht zu kurz: Talsperren, Flüsse und idyllische Teiche sind in die Landschaft eingebettet.

Auf Schritt und Tritt erwartet den Besucher Tradition. An die Bergbauzeit erinnern alte Schächte, Förderanlagen, Pingen, Bergbaulehrpfade, Schaubergwerke und Pferdegöpeln. Auch Anton Günther, der bekannteste Volksdichter und Heimatsänger, ist allgegenwärtig in Form von Wegbezeichnungen und Denkmälern. Der berühmte Orgelbauer Gottfried Silbermann hat schließlich seine Heimat in einem Ortsteil von Frauenstein. Seine älteste und größte Orgel erklingt noch heute im Dom zu Freiberg. Das Erzgebirge ist aber auch die Heimat der Nussknacker, Räuchermännchen, Weihnachtspyramiden und Schwibbögen. Nicht zu vergessen sind die alten Postmeilensäulen, denen man überall begegnet.

Unter den Tausenden Kilometern von Wanderwegen hat der Autor viele selbst begangen und daraus 50 Touren ausgewählt, die in diesem Buch vorgestellt werden. Sie verteilen sich über die ganze Region. Ein Teil der Wanderungen führen ins tschechische Böhmen, und auch der kleine vogtländische Anteil des Erzgebirges wird berücksichtigt, ebenso das kleine Elstergebirge mit dem Musikwinkel als Heimat des Musikinstrumentenbaus als Bindeglied zum Fichtelgebirge. Nicht selten werden auch Wege abseits der offiziellen Markierungen beschrieben und führen dann zu eher verborgenen und unbekannteren Naturschönheiten.

Letztendlich ist das Erzgebirge heute eine preiswerte Ferienregion, in dem der Besucher schon lange Beherbergungsbetriebe erwarten kann, die von der Ausstattung her den Komfort anderer Urlaubsziele bieten, abgerundet von einer bodenständigen Gastronomie, zu der vielfältige Kartoffelgerichte und auch der Christstollen gehören.

Die Ausgangsorte lassen sich fast alle gut mit öffentlichen Verkehrsmitteln erreichen, und für Autofahrer sind durchweg ausreichende Parkplätze vorhanden. So möge dieses Buch ein nützlicher und zuverlässiger Begleiter für eine der schönsten Wanderregionen Deutschlands sein.

Hamburg, im Oktober 2005 Michael Schnelle

Inhaltsverzeichnis

Östliches Erzgebirge

Vogtländisches Erzgebirge

Beidseits der Grenze und in Böhmen

Im Elstergebirge

Touristische Hinweise

Zum Gebrauch des Führers

Die wichtigsten Informationen wie Ausgangspunkt, Weglänge, Entfernungen, Höhenunterschiede und Sehenswürdigkeiten sind zu Beginn einer Tour zusammengefasst. Der Wegverlauf ist in den farbigen Wanderkärtchen jeder Tour eingetragen. Im Stichwortverzeichnis sind alle Tourenziele und die relevanten Orte aufgeführt. Eine Gesamtübersicht (S. 28/29) informiert über die Lage der Wanderrouten.

Anforderungen

Da das Erzgebirge von Norden pultartig ansteigt und nur im Süden steil abfällt, gibt es große Höhenunterschiede nur zwischen dem Böhmischen Becken und den Gipfeln auf der tschechischen Seite. Die in diesem Wanderführer beschriebenen Routen weisen Höhenunterschiede bis zu 500 m auf, verteilt auf mehrere Anstiegsstrecken. Angegeben ist jeweils die Summe der zurückgelegten Höhenmeter. Lediglich kurze Abschnitte führen steiler bergan, und der Großteil der Touren liegt im Bereich von 250 – 350 Höhenmetern an einem Tag, sodass man im Erzgebirge überwiegend »Genusswandern« kann. Die Weglängen liegen zwischen 6 und 23,5 km, sodass für jeden Geschmack etwas dabei ist.

Ausrüstung

Festes Schuhwerk mit Profilsohle ist eine unerlässliche Voraussetzung. Außerdem sollte man eine der Witterung angepasste bequeme Kleidung tragen und Rucksack, Regen- und Sonnenschutz, Proviant, genügend Flüssigkeit sowie Verbandszeug dabei haben. Auch ein Handy kann in Notfällen hilfreich sein.

Gehzeit

Die Gehzeiten beziehen sich auf ein durchschnittliches Tempo von vier Kilometern pro Stunde auf ebenen oder sehr wenig ansteigenden Wegen, bei Steigungsstrecken entsprechend weniger. In den Zeitangaben sind keine Pausen und Besichtigungen enthalten. Für Sehenswürdigkeiten sollte man immer genügend Zeit einplanen!

Wegmarkierungen

Alle Wegmarkierungen sind ehrenamtlich vorgenommen bzw. durch Spenden finanziert worden. Daran sollte man denken, wenn man mit deren Qualität nicht zufrieden ist! Für das gesamte Erzgebirge ist hier der Erzgebirgsverein tätig. Die in den Wanderkarten angegebenen Markierungen stimmen häufiger mit der Wirklichkeit nicht überein. Überwiegend besser markiert sind die Fernwanderwege. Bei einigen Wanderrouten werden auch Wege begangen, die überhaupt nicht bezeichnet sind, dies wird im Text unter Anforderungen angegeben.

Fernwanderwege

Das Erzgebirge wird von mehreren Fernwanderwegen (FWW) durchzogen. Für das Begehen des Europäischen Fernwanderweges E3, des Internationalen Bergweges EB und des Kammweges bieten die Fremdenverkehrsämter »Wandern ohne Gepäck« an, d.h. mit vorgebuchtem Quartier und Gepäcktransport.

Die Weitwanderwege im Überblick:

E3: Dieser FWW beginnt am Atlantik in Santiago de Compostela und führt bis zum Kap Emine am Schwarzen Meer. Im Bereich des vorliegenden Führers verläuft er von Adorf im Vogtland bis nach Lauenstein im Osterzgebirge über etwa 250 km. Auf der tschechischen Seite des Erzgebirges gibt es eine Variante. Häufig erfolgen Kreuzungen mit dem Bergwanderweg EB, und Teilstrecken verlaufen auch gemeinsam. Markierung blau und E3.

EB: Der Internationale Bergwanderweg von Eisenach nach Budapest verläuft wie der E3 im Buchgebiet von Adorf bis nach Lauenstein, allerdings auf größtenteils abweichenden Strecken, wobei der E3 häufiger gekreuzt wird und Teilstrecken zusammen verlaufen. Markierung rot und EB.

Der *»Kammweg«* ist eine Teilstrecke des Hauptwanderweges Wernigerode – Zittau, führt im Bereich des Erzgebirges von Schöneck/Vogtland bis nach Liebenau und ist durchgehend mit einem blauen Querstrich im weißen Quadrat gekennzeichnet.

Das Schloss in Dresden.

Der *»Wanderweg der deutschen Einheit«* verbindet Aachen und Görlitz. Im Bereich des Erzgebirges trägt er keine gesonderte Markierung, nur auf einzelnen Hinweisschildern ist auf ihn verwiesen.

In Chemnitz: Brunnenfontäne vor der Stadthalle.

Der *Anton-Günther-Weg/Cesta Antona Guenthera* folgt den Spuren des erzgebirgischen Heimatdichters und verläuft über 65 km grenzüberschreitend als Rundwanderweg durch die Kammregion des Westerzgebirges. Dabei berührt er die beiden höchsten Erhebungen des Erzgebirges, den Keilberg, 1244 m, in Böhmen und den Fichtelberg, 1214 m, in Sachsen.

Der *Zschopautal-Wanderweg* folgt vom Fichtelberg, an dessen Nordhang die Zschopau entspringt, dem Verlauf des Flusses bis zu seiner Mündung in die Freiberger Mulde; Markierung rot.

Radwandern und Mountainbiken

Der Tatbestand, dass das Erzgebirge auch über Hunderte Kilometer an Forstwegen oder für den öffentlichen Autoverkehr gesperrten Asphaltwegen verfügt, hat dazu geführt, dass viele Besucher auch Mountainbikes mitbringen. Bekannte Radwanderwege sind z.B. der Zschopautal-Radwanderweg oder die Drei-Talsperren-Radstrecke bei Eibenstock. Das in Seiffen alljährlich ausgetragene Erzgebirgs-Bike-Marathon (EBM) hat sich als eine der größten und beliebtesten Veranstaltungen dieser Art in Europa etabliert.

Wanderkarten

Die den Tourenbeschreibungen beigefügten Kärtchen mit Routeneintrag genügen in der Regel zur Orientierung. Darüber hinaus bieten folgende Anbieter entsprechende Wanderkarten, die im Buchhandel erhältlich sind oder per Internet bestellt werden können.

Landesvermessungsamt Sachsen, Referat Geodatenservice, Olbrichtplatz 3, 01099 Dresden oder Postfach 10 02 44, 01072 Dresden, Tel. 0351/82 83 608, Fax: 0351/82 83 6340. Internet: www.lverma.smi.sachsen.de. Interessant für Wanderer sind insbesondere die Wanderkarten im Maßstab 1:25.000. Daneben gibt es 3 Doppelblätter für den Naturpark Erzgebirge-Vogtland im gleichen Maßstab.

Verlag Dr. Andreas Barthel, Gerichshainer Str. 14, 04451 Borsdorf OT Panitzsch, Tel. 034291/415 0, Fax: 034291/86 840, Internet: www.verlag-dr-barthel.de. Der Verlag bietet kombinierte Radwander- und Wanderkarten

mit Text-/Bildinformationen und Loipen in Wintersportgebieten an.
Kompass-Karten GmbH, Kaplanstr. 2, Postfach 111, A-6063 Rum, Tel.: 0043/512/26 55 61-0, Fax: 0043/512-26 55 61-8, Internet: www.kompass.at. Für das Erzgebirge und Vogtland sind verschiedene Wanderkarten im Maßstab 1:50.000 erhältlich, zu denen auch immer ein Begleitheft mit zusätzlichen Informationen gehört. Daneben vertreibt Kompass unter eigenen Namen Lizenzausgaben der tschechischen Firma Geodezie CS.

Wandervereine

Erzgebirgsverein: Der bereits 1878 gegründete Erzgebirgsverein zählt zu den ältesten Wander- und Gebirgsvereinen Deutschlands. Zu seinen Aufgaben gehören die Pflege erzgebirgischen Brauchtums, des heimatlichen Liedgutes, der erzgebirgischen Mundart, Verbreitung von Kenntnissen über das Erzgebirge, Unterstützung von Natur- und Umweltschutz und Pflege des Wanderns für jedermann. Dazu zählt auch die Betreuung und Markierung der Wanderwege im Erzgebirge und dessen Vorland. Der Verein unterhält sehr viele Ortsgruppen und veranstaltet viele offene Wanderungen, an denen jedermann teilnehmen kann.

Geschäftsstelle des Bundesvorstandes: Eibenstocker Str. 67, 08349 Johanngeorgenstadt, Tel.: 03773/88 82 45, Fax: 03773/88 82 80, e-mail: info@erzgebirgsverein.de, Internet: www.erzgebirgsverein.de; Geschäftszeiten: Di 10–12 und 14–18 Uhr, Do 9–12 und 13–16 Uhr.
Erzgebirgsverein Service GmbH: Crandorfer Str. 44, 08340 Schwarzenberg, Tel.: 03774/17 69 37, Fax: 03774/17 69 38, E-Mail: info@erzgebirgsverein.de, Internet: www.erzgebirgsverein-service.de; Geschäftszeiten : Mo–Do 8–17 Uhr, Fr 8–14 Uhr.

Anton-Günther-Gedenkstein in der Nähe von Deutschneudorf (Tour 26).

Deutscher Alpenverein: Nach der Wende wurden in den neuen Bundesländern auch wieder Sektionen des Deutschen Alpenvereins gegründet. Neben dem Landesverband bestehen im Raum des Erzgebirges Sektionen in Chemnitz, Dresden, Plauen und Zwickau.
Landesverband Sachsen des DAV e.V.: Dr. Ulrich Voigt, Kyawstr. 5, 01259 Dresden, Tel.: 0351/494 14-16, Fax: 0351/494 14-17; Internet: www.alpenverein-sachsen.de

Das Erzgebirge entdecken

Die Einfallstore rund um das Erzgebirge

Im nördlichen Erzgebirgsvorland liegt eine Kette von Städten, die alle lohnende Ziele für einen Tagesausflug sind, wenn man im Erzgebirge Urlaub macht. Haupteinfallstor für das gesamte, insbesondere aber das mittlere und westliche Erzgebirge ist **Chemnitz**, die Karl-Marx-Stadt der DDR. Von hier führen etliche Bundesstraßen ins Tourengebiet, Nebenbahnstrecken und viele Buslinien. Die drittgrößte Stadt Sachsens mit rund 250 000 Einwohnern, einst Zentrum der Textilindustrie und des deutschen Maschinenbaus, galt lange als »hässliches Entlein«, war das Stadtzentrum nach dem Zweiten Weltkrieg doch die größte innerstädtische Brachfläche Europas. Heute dagegen ist die Innenstadt wieder besuchenswert. An der Brückenstraße erinnert der monumentale Karl-Marx-Kopf an frühere Zeiten. Als ältestes Wahrzeichen der Innenstadt gilt dagegen der Rote Turm, ursprünglich ein Wohnturm aus dem 12. Jh., Teil der Stadtmauer, Gerichtssitz und Verlies. Nördlich davon liegt die Stadthalle, davor ein hübscher Brunnen. Hinter dem Roten Turm schließen sich dann die Galerie Roter Turm und die Glasfassade der Galeria Kaufhof an, beides moderne Gebäude aus diesem Jh. Auf der dem Kaufhof gegenüberliegenden Seite des Marktes liegt auch das Doppel-Rathaus, das alte aus dem 15. Jh. und das damit verbundene neue aus dem 20. Jh. Zeitweise erklingen vom Rathausturm erst Posaunenchöre, dann folgen die Rufe des Türmers und zum Schluss erklingen die 48 Glocken eines handbetriebenen Glockenspiels. An den Markt schließt dann noch der Rosenhof an, benannt nach Hunderten von Rosenstöcken, die von den verschiedenen Partnerstädten stammen. Für Schlechtwettertage bietet Chemnitz zahlreiche Museen, darunter das Deutsche Spielemuseum und das Industriemuseum. Mit dem Kaßberg besitzt die Stadt eines der größten zusammenhängenden Jugendstilviertel Europas.

Östlich von Chemnitz liegt **Freiberg**, eines der Einfallstore für das Silberne bzw. östliche Erzgebirge. Die 47 000 Einwohner-Stadt hat eine lange Bergbautradition, hat man hier doch bis 1969 Silber gefördert, in 800 Jahren rund 5200 Tonnen. So ist Freiberg auch heute noch Standort der ältesten bergbautechnischen Hochschule der Welt, welche 1765 gegründet wurde. In der Altstadt, wegen der heute die Touristen kommen, zeigt sich, dass das Silber eine Menge Geld eingebracht hat. Beeindruckend ist der Obermarkt mit einem Brunnendenkmal von 1898, das den Stadtgründer Markgraf Otto I. von Meißen zeigt und an dem das Rathaus mit Glockenspiel von 1410-14 liegt, im Mittelalter das größte in Sachsen. Bedeutendste Sehenswürdigkeit der Stadt ist aber der am Untermarkt gelegene Dom St. Marien, von 1484-1501 als spätgotische Hallenkirche erbaut. Das schlichte Äußere lässt das prunkvolle Innere nicht erahnen. Dazu gehören die um 1230 für den Vorgängerbau entstandene Goldene Pforte, die mit ihrem reichen Skulpturenschmuck

als schönstes Figurenportal in Deutschland gilt, ferner die Tulpenkanzel von 1508-10, ein Höhepunkt spätgotischer Bildhauerarbeit. Noch heute erklingt im Dom die älteste und größte noch erhaltene Orgel des berühmten Orgelbauers Gottfried Silbermann, erbaut von 1711-14 mit drei Manualen, 45 Registern und 2674 Pfeifen.
Ganz im Nordosten des Erzgebirges liegt die sächsische Landeshauptstadt **Dresden**, die aufgrund der guten Verkehrsanbindung ebenfalls ein Einfallstor für das Erzgebirge – insbesondere den östlichen Teil – und ein beliebtes Ausflugsziel mit vielen Sehenswürdigkeiten ist. Sie zählt 482 000 Einwohner, trägt den schmückenden Beinamen Elbflorenz und liegt beiderseits der Elbe in einem weiten Talkessel. Die weltweite Berühmtheit der Stadt gründet sich auf die reichen Kunstsammlungen und eindrucksvolle Baudenkmäler. Dresden ist eine bedeutende Industriestadt, Zentrum von Forschung und Wissenschaft, Kulturstadt, aber vor allen Dingen ein Touristenziel. Aus der sorbischen Siedlung Nisani hervorgegangen, wurde sie 1206 erstmals urkundlich erwähnt, wurde 1485 Residenz der Albertiner, 1547 Hauptstadt des Kurfürstentums und wuchs nachfolgend zu einer der schönsten barocken deutschen Residenzstädte heran. Im Februar 1945 wurde die gesamte historische Altstadt bei einem verheerenden Bombenangriff nahezu vollständig zerstört. Der 1951 begonnene Wiederaufbau ist auch heute noch nicht abgeschlossen. Die verschiedenen Sehenswürdigkeiten liegen hauptsächlich in der Altstadt südlich der Elbe, sodass eine Erkundigung zu Fuß möglich ist. Bekanntestes Wahrzeichen ist sicherlich die Semperoper, bekannt als schönstes Opernhaus und das bedeutendste Bauwerk von Gott-

Pyramide auf dem Markt in Annaberg-Buchholz.

Ein typisches Schaufenster mit Erzgebirge-Volkskunst.

fried Semper. Auch heute noch ist man vom Baustil der italienischen Renaissance fasziniert, ebenso von der prachtvollen Innenausstattung. Außergewöhnlich ist die Akustik, die allein durch die Bauweise und nicht durch Technik erreicht wurde. Bei der Semperoper liegt auch der Zwinger, in seiner Architektur einem römischen Amphitheater nachempfunden. Die Höfe des Barockbauwerks aus dem 18. Jh. werden von bogenförmigen Galerien umgeben, und besonderer Blickfang sind die prächtig gestalteten Pavillons und das Kronentor. Der Zwinger wird heute hauptsächlich für Ausstellungen verwendet, darunter eine Porzellansammlung, eine Gemäldegalerie mit Werken Alter Meister und mehr. Das ebenfalls benachbarte Residenzschloss aus dem 15. Jh. zählt zu den bedeutendsten Renaissancebauwerken Deutschlands, das bis zum 19. Jh. ständig umgebaut und erweitert wurde. Eine Ausstellung informiert über das Gebäude und das Leben seiner adeligen Bewohner, die Wettiner. An der Außenseite zur Augustusstraße wurde 1876 der 101 m lange Fürstenzug angebracht, der alle Herrscher des Geschlechts Wettin auf 24 000 Meißener Porzellankacheln zeigt. Der zum Schloss gehörende Hausmannsturm bietet einen schönen Altstadtblick. Beim Schloss liegt auch die Kathedrale, eine katholische Hofkirche, die größte Kirche Sachsens. Sie wurde seinerzeit gebaut, weil August der Starke zum katholischen Glauben überwechselte, damit er auch König von Polen werden konnte. Die Kirchenhalle ist 50 m lang und etwa 20 m hoch, der Kirchturm rund 85 m hoch. Unverzichtbar mit Dresden verbunden ist die am Neumarkt gelegene Frauenkirche, deren Trümmer nach dem Zweiten Weltkrieg lange Mahnmal für sinnlose Zerstörung waren. Die Kirche im Barockstil hat Platz für 4 000 Menschen und bietet eine ausgezeichnete Akustik für Konzerte. Sie wurde ihm Herbst 2005 nach dem kompletten Wiederaufbau feierlich eingeweiht. Dabei verwendet man auch viele Steine aus dem alten Trümmermaterial. Schon heute grüßt aus der Ferne die wieder errichtete, massive, an eine Glocke erinnernde Kuppel auf dem fast 100 m hohen Turm. Viele weitere Sehenswürdigkeiten lassen sich in Dresden entdecken, sie können jedoch im Rahmen dieses Führers nicht alle vorgestellt werden.

Südwestlich von Chemnitz liegt das 102 000 Einwohner zählende **Zwickau**, ideales Einfallstor für das westliche Erzgebirge. Die Stadt blickt auf eine lange Tradition im Bergbau zurück. Gefördert wurden Silber und Steinkohle. Daran erinnern noch heute gewaltige Abraumhalden am Stadtrand, andererseits existieren prachtvolle Bauten in der Innenstadt. Tradition besitzt Zwickau auch im Automobilbau; 33 Jahre lang wurde hier der legendäre »Trabant« produziert. Der Dom ist der aufwändigste Bau sächsischer Spätgotik mit einer reichen Innenausstattung, darunter der Kunigunden-Altar von 1479. Der frühere Steinkohlebergbau hinterließ unter dem Dom Hohlräume von mehr als 16 m Höhe, was zu starken Bodensenkungen führte, erstaunlicherweise aber nicht zu nennenswerten Schäden am Bauwerk selbst. Der Turm bietet eine weite Aussicht. Ein großartiges Beispiel mittelalterlicher Stadtbaukunst ist der Hauptmarkt. Dort findet man u. a. das »Haus der Tuchmacher« aus dem 16. Jh., als Gewandhaus heute Sitz des Stadttheaters, ferner das Rathaus mit einer neugotischen Fassade von 1866/67. Sehenswert ist auch das als Gedenkstätte eingerichtete Geburtshaus von Robert Schumann (Nr. 5) und andere Gebäude am Markt. Einen Namen hat Zwickau aber auch als Einkaufsstadt, denn die hübsche Altstadt bietet viele Geschäfte und Warenhäuser und lädt zum Bummeln ein.
Idealer Ausgangspunkt für das Vogtland ist **Plauen**, mit 67 000 Einwohner das wirtschaftliche und kulturelle Zentrum dieser Region. Als Stadt der Spitzen bekannt, fanden diese textilen Kostbarkeiten schon früh zahlreiche Abnehmer und die Auswahl in den Geschäften ist auch heute noch groß. Sehenswert ist das Alte Rathaus mit einer Kunstuhr von 1548 am schönen Renaissancegiebel. Einen Besuch wert sind natürlich auch das Plauener Spitzenmuseum oder das Vogtlandmuseum. Vom Turm auf dem 432 m hohen Bärenstein am Stadtrand hat man eine schöne Aussicht.
Im Süden liegen am Fuß des hier steil zum Böhmischen Becken abfallenden Erzgebirges von West nach Ost die größeren Städte Cheb/Eger, Sokolov/Falkenau, Karlovy Vary/Karlsbad, Chomutov/Komotau, Most/Brüx und Teplice/Teplitz. Diese Städte sind vom Erzgebirge aus heute leicht erreichbar, werden aber teilweise durch gigantische Braunkohlebecken in der Umgebung geprägt, die hier im Tagebau abgebaut wird. Einerseits wurde die Anzahl der Grenzübergänge nach der Wende deutlich erhöht, andererseits auch die entsprechenden Bus- und Bahnverbindungen eingerichtet. So ist ein Tagesbesuch, gern mit Einkäufen preiswerter Produkte verbunden, sehr beliebt. Speziell das bei Cheb/Eger gelegene Frantiskovy Lazne /Franzensbad, Karlovy Vary/Karlsbad und Teplice/Teplitz sind böhmische Kurorte mit langer Tradition, die auch gern von deutschen Kurreisenden besucht werden, nicht zuletzt wegen der günstigen Kosten. Erwähnenswert ist insbesondere die unweit von Teplice/Teplitz gelegene Wallfahrtskirche Bohosudov (Mariaschein), die durch die Bergbahn Krupka/Graupen – Komáří hůrka (Mückenberg) leicht im Rahmen der Tour 47 zu erreichen ist.

Abgrenzung und Charakteristik des Erzgebirges

Das Erzgebirge (tschechisch Krušné hory) erstreckt sich im Süden Sachsens zwischen Elstergebirge im Westen und Elbsandsteingebirge im Osten entlang der Grenze zur Tschechischen Republik und über diese weit nach Böhmen hinein. Es zählt zu den größten deutschen Mittelgebirgen, reicht von Schöneck/Vogtland im Westen bis zum Müglitztal im Osten und erstreckt sich etwa über 120 km, während die Nord-Süd-Ausdehnung zwischen 30 und 45 km schwankt. Aus Richtung Norden steigt das Gebirge pultartig und sanft an, sodass eine Abgrenzung hier schwer fällt, dagegen bildet es zum Böhmischen Becken hin einen Steilabfall. Das kann man hautnah nachvollziehen, wenn man auf tschechischer Seite das Mückentürmchen (Komáří Vizka), 808 m (Tour 47) besteigt. Dieses steht direkt am Steilabfall, und Krupka/Graupen liegt 500 m tiefer am Südfuß des Gebirges. Seinen Namen hat es vom Erzbergbau, der vom 12. Jh. an zur Besiedlung des fast menschenleeren Raums beitrug. Nachdem der Bergbau später vielerorts zum Erliegen kam, entstanden vielfältige Gewerbetätigkeiten, insbesondere die Holzwaren- und Spielzeugherstellung. Der Hauptkamm des Gebirges verläuft meistens etwas südlich der Staatsgrenze auf der tschechischen Seite und stellte bereits seit 1459 die Grenze zwischen Sachsen und Böhmen dar. Zur Förderung vom Tourismus wurden in den vergangenen Jahren zahlreiche Grenzübergänge speziell nur für Fußgänger und Radfahrer oder auch Skiwanderer geschaffen. Der Grenzübertritt außerhalb dieser Übergänge ist zwar wegen der offenen Grenze unschwierig möglich, aber immer noch illegal. Während die sächsische Nordhälfte des Erzgebirges größtenteils dicht bevölkert ist, erscheint dagegen die böhmische Südhälfte als menschenleer, da nach der Vertreibung der hier ursprünglich ansässigen deutschen Bevölkerung mit dem Ende des Zweiten Weltkrieges nur wenige Menschen hierher zogen, nicht zuletzt auch wegen des rauen Klimas und der harten Winter. Viele Häuser auf der böhmischen Seite sind somit verfallen und vermitteln einen unschönen Anblick. Das Klima sorgt aber für lang anhaltende Schneesicherheit, und so war das Erzgebirge schon zu DDR-Zeiten ein beliebtes Wintersportziel, ist aber auch ein exzellentes Wandergebiet, da die Höhenunterschiede sehr verträglich und die Region abwechslungsreich ist. In der »grünen Jahreszeit« zeigt das Erzgebirge seine großartigen landschaftlichen Reize, die es trotz Schädigung durch die Industrie zu bieten hat. Zahlreiche Aussichtspunkte, melancholische Nadel- und Laubwälder, ursprüngliche Bergwiesen, mal ernste, mal heitere Täler, romantische Flussläufe, unzählige Teiche und Trinkwassertalsperren sowie moordurchsetzte Kammhochflächen sorgen für eine landschaftliche Vielfalt. Höchste Erhebung ist der auf der böhmischen Seite gelegene Klínovec/Keilberg, 1244 m (Tour 41), zweithöchster sein deutscher Nachbar, der 1214 m hohe Fichtelberg (Tour 15). Weitere beliebte Aussichtspunkte oberhalb der 1000m-Grenze sind z. B. der Auersberg, 1018 m (Tour 7) und der Blatenský

Chemnitz – restauriertes Haus am Markt.

vrch /Großer Plattenberg, 1043 m (Tour 40).

Das Elstergebirge

Das kleine Elstergebirge stellt die Verbindung zwischen dem Erzgebirge im Nordosten und dem Fichtelgebirge im Südwesten her. Benannt nach der Weißen Elster, die ihre Quelle in Böhmen bei Aš (Asch) hat, ist es durch die Zwota (Svatava) vom Erzgebirge getrennt, das hier im Norden bzw. Nordosten anschließt, während die Weiße Elster für Abgrenzung im Nordwesten sorgt und im Süden das Böhmische Becken. Höchste Erhebung ist der Pocatecky (Ursprungsberg), 819 m, lohnendste Aussichtspunkte aber der Vysoky kámen (Hoher Stein), 773 m (Tour 38) und der Kapellenberg, 759 m (Tour 48). Der deutsche Anteil gehört zum Vogtland und ist größtenteils auch als Musikwinkel bekannt, denn hier stellen rund 600 Musikinstrumentenbauer noch heute weltweit begehrte handgefertigte Spitzeninstrumente her, die von international anerkannten Solisten gespielt werden. Auf der tschechischen Seite ist der Begriff Elstergebirge allgemein unbekannt, und es wird als Ausläufer des Erzgebirges (Krušné hory) angesehen.

Land und Leute

Einige Menschen finden den sächsischen Dialekt nicht gerade schön, und damit meinen sie die Mundart, die hauptsächlich im Raum zwischen Leipzig, Dresden und Chemnitz gesprochen wird. Ein Erzgebirgler oder Vogtländer würde jedoch auf die Barrikaden gehen, wenn man seine Mundart als »Sächsisch« bezeichnen würde. Die verschiedenen Sprechweisen wechseln oft schon von Ort zu Ort. Einheitlich ist jedoch, dass aus dem »ü« ein »i« wird, »ei« und »au« oft zu »aa« werden. So wird der Baum zum Baam. Typisch ist auch die Verniedlichung. So wird aus dem Vogel »Vechele«, das Haus heißt »Heisl« und »Blembe« steht für dünner Kaffee oder dünne Suppe.

Auf vielen Wanderungen begegnen wir sogenannten Postmeilensäulen. Sie gehen auf einen Erlass von August dem Starken zurück. Die an den Säulen vermerkten Stunden haben mit unserer heutigen Zeitrechnung nichts ge-

Markt mit Galerie »Roter Turm« in Chemnitz.

meinsam. Damals entsprach eine Postmeile 9,062 km, und eine solche Meile wurde mit 2 Stunden gleichgesetzt.
Mit dem Niedergang des Bergbaus setzte Heimarbeit in vielfältiger Form ein. Dazu gehörte auch das Klöppeln, das heute noch gepflegt wird. Klöppeldecken sind ein beliebtes Mitbringsel. Ihren Wert kann man aber nur ermessen, wenn man weiß, dass eine Klöpplerin für eine durchschnittlich große Wohnzimmertischdecke etwa 600 Stunden benötigt. Hutzenstube war die Bezeichnung für den Arbeitsraum, in dem sich Klöpplerinnen aus der Nachbarschaft trafen und auch sangen. Heute versteht man unter Hutzenabenden gesellige Zusammenkünfte, besonders im Winter, bei denen erzählt, gesungen, musiziert und gegessen wird.

Das Erzgebirge ist aber auch als Spielzeug- und Weihnachtsland bekannt, insbesondere die Gegend um Seiffen. Im Erzgebirge wird eine Vielzahl von Holzfiguren und Holzspielsachen hergestellt. Dazu zählen Lichterengel, Räuchermännchen, Nussknacker, Pyramiden und Schwibbögen. Letztere sind in großer Ausfertigung der Schmuck vieler Dorfplätze. Besonders im

Winter verbreiten sie im beleuchteten Zustand einen Hauch weihnachtlicher Romantik. Ein uraltes Handwerk im Zusammenhang mit der Herstellung von Holztieren ist das sogenannte Reifendrehen. Für ein Spieltier müssen dabei mehrere Holzreifen gedreht und später zusammengeleimt werden. Diese Kunst kommt aus Seiffen. Der Schwibbogen dagegen stammt aus der Gegend um Johanngeorgenstadt und war ein bogenförmiger Eisenleuchter. Heute gehört er zu den Ortsbildern und ist in vielen Wohnungen als Dekoration zu finden, in Holzausführung mit verschiedenen Figuren oder Gebäuden wie die Seiffener Bergmannskirche.
Die alten Bräuche werden vor allen Dingen von den sogenannten Bergbrüderschaften gepflegt. Sie tragen alte Bergmannstrachten und sorgen bei manchem Fest für die musikalische Begleitung. Besonders stimmungsvoll sind die Aufmärsche im Kerzenschein in der Vorweihnachtszeit. Unter den zahlreichen großen und kleinen Volksfesten ist vor allen Dingen die Annaberger Kät zu erwähnen, das größte Volksfest des Erzgebirges. Dem Bergbau dagegen begegnet man auf den Wanderungen in vielfältiger Form, durch alte Schächte, abgesperrte Grubeneingänge, alte Förderanlagen, Pingen, Bergbaulehrpfaden, Schaubergwerken und Pferdegöpel.
Zu den berühmtesten Persönlichkeiten aus alter Zeit zählt der Volksdichter und Heimatsänger Anton Günther (1876 – 1937), dem viele Denkmäler und ein Rundweg gewidmet sind. Sein Grab befindet sich auf dem Friedhof seines Geburtsortes Božý Dar/Gottesgab (Tour 41), dem ersten böhmischen Ort hinter dem Grenzübergang Oberwiesenthal. Dazu zählt auch der berühmteste Orgelbaumeister Sachsens, Gottfried Silbermann (1683 – 1753), dem ein Museum in Frauenstein (Tour 29) gewidmet ist und von dessen einzigartigen 45 Orgeln noch 31 erhalten und bespielbar sind. Als Anwalt der Armen ging dagegen Karl Stülpner (1762 – 1841) ein, der sich u. a. gegen die feudalen Jagdgesetze auflehnte und für die Armen eintrat. Das einfache Volk stand hinter ihm, sodass er trotz hoher Kopfprämien durch die Obrigkeit nicht gefasst werden konnte. Geboren wurde er in Scharfenstein (Tour 17), sein Grab befindet sich in Großolbersdorf (Tour 19). Nicht vergessen werden darf der Rechenmeister Adam Ries (1492 – 1559), der mehr als dreißig Jahre seines Lebens in Annaberg-Buchholz (Tour 12) verbrachte und dem dort ein Museum gewidmet ist.
Die regionale Küche ist durch vielseitig zubereitete Kartoffelgerichte bestimmt. Ein Festessen ohne Klöße ist undenkbar. Gern werden dazu Sauerbraten, Rouladen oder Kaninchen gegessen. Auch Kartoffelpuffer sind beliebt und heißen im Erzgebirge »Getzen« oder »Glitscher«, im Vogtland dagegen »Bambes«. Sehr gern wird auch nachmittags der »Aardäppelkuchn« gegessen, wo dem Hefeteig geriebene Kartoffeln beigemengt werden. Zu Weihnachten darf in keinem Fall der »Christstollen« fehlen, der noch immer nach alten Rezepten zubereitet wird. Ihn gibt es aber nicht nur zu Weihnachten sondern eigentlich den ganzen Winter über.

Geologie

Das Erzgebirge ist eine sogenannte Pultscholle, die sich am Ende der Tertiärzeit einseitig von ihrer Umgebung abgehoben hat. Vom Erzgebirgsvorland im Norden steigt das Gebirge bis zum Kamm sanft an und fällt auf seiner Südseite steil zum Böhmischen Becken ab. Es ist geologisch stark gegliedert, sodass hier nur eine grobe Übersicht gegeben werden kann. Da die jüngeren Deckschichten über lange Zeit von Wind und Wasser abgetragen wurden, dominieren heute an der Oberfläche mächtige Gesteine, vor allem Gneise, Glimmerschiefer und Phylitte. Im Westerzgebirge und im Elstergebirge findet man vor allen Dingen Phylitte (Urtonschiefer), Granitmassive dagegen im größeren Umfang im Raum Eibenstock – Carlsfeld und in kleinerem bei Bad Brambach und bei Geyer (Greifensteine). In diesem Gebirgsteil fehlen auch die großen Kammhochflächen. Einzigartig ist der Schneckenstein-Felsen (Tour 36), der aus Topassteinen besteht und als geologisches Naturdenkmal unter Schutz steht. Die gleiche Gesteinszusammensetzung findet man auf der ganzen Welt nur noch einmal in Australien. Westlich vom Fichtelberg erstreckt sich eine von Quarzitklippen durchbrochene Glimmerschieferzone, die auf der Höhe von Schwarzenberg ostwärts bis über Zschopau hinausreicht. Basaltgestein vulkanischen Ursprungs bilden u. a. den Scheibenberg (Tour 13), den Bärenstein (Tour 14), aber auch den Geisingberg im Osterzgebirge (Tour 34) und den Pöhlberg bei Annaberg-Buchholz. Östlich vom Fichtelberg dominieren Gneise, insbesondere Grau- oder Paragneise. Zwischen Oberfrauendorf im Norden bei Schmiedeberg im Osterzgebirge und Zinnwald an der Grenze im Süden erstreckt sich eine Porphyrzone. Das Osterzgebirge zeichnet sich ansonsten durch große Hochflächen aus. Die Flüsse haben sich teilweise tief ins Gebirge eingegraben, lediglich im Mittelerzgebirge herrschen sanftere Talformen vor. Die einstigen Eisenerzlagerstätten sind auf ganz unterschiedliche Art entstanden. Der Bergbau hinterließ deutliche Spuren, zu denen auch Pingen, imposante Einsturztrichter, wie bei Altenberg, als Folge des jahrhundertelangen Erzabbaus unter Tage gehören.

Der Zwinger in Dresden.

Wälder

Die Vegetation ist gekennzeichnet durch feuchtes und kaltes Klima sowie arme Böden. Im Verlauf der historischen Nutzung durch den Menschen hat sich der ursprüngliche Naturraum jedoch wesentlich verändert. Die einst fast flächendeckenden Wälder wurden zuerst durch die Bergleute ausgebeutet, dann mussten Waldgebiete der landwirtschaftlichen Nutzung weichen. So wurden die Hochplateaus gerodet und als Weideplätze genutzt. Vom ursprünglichen Mischwald, vor allen Dingen Tannen und Buchen, bestehen heute nur noch Reste. Hinzu kam, dass durch starke Luftverschmutzung durch tschechische Industriebetriebe und Kraftwerke in den 70er- und 80er-Jahren des vorherigen Jh. zahlreiche Nadelbaumbestände in den exponierten Kammlagen durch »sauren Regen« abstarben. Seit den 90er-Jahren ist die Luftverschmutzung durch Stilllegung von Betrieben und Maßnahmen zur Luftreinhaltung aber deutlich zurückgegangen und das Problem des Waldsterbens entschärft, andererseits konnten durch Wiederaufforstung mit widerstandsfähigeren Baumarten und durch Bodenkalkung große Gebiete für die Forstwirtschaft zurückgewonnen werden. In Höhenlagen über 800 m ist das Erzgebirge vor allen Dingen mit Fichtenwäldern bedeckt. Die genügsame Fichte kommt mit den klimatischen Bedingungen am ehesten zurecht und lässt eine geschlossene Waldbildung durch andere Baumarten kaum zu. Sie zeigt einen geringen Baumwuchs und ist häufiger durch Wind- oder Schneeschäden verformt. Zusammen mit Ebereschen hat sie den Charakter eines Schutzwaldes mit geringem wirtschaftlichen Nutzen. Im Höhenbereich zwischen 500 und 800 m waren ursprünglich vor allen Dingen Mischwälder anzutreffen, neben der vorherrschenden Rotbuche kamen insbesondere Fichte und Weißtanne hinzu. Letzte ist heute fast verschwunden, da sie keine Luftverschmutzung verträgt. Aber auch durch intensive Forstwirtschaft ist der eigentlich typische Mischwald weitgehendst zurückgedrängt worden und nur noch an wenigen Stellen zu finden, z. B. bei Eibenstock, Tellerhäuser und Zöblitz, um Olbernhau und Seiffen oder bei Holzhau. Neben der widerstandsfähigen Fichte finden wir im Erzgebirge und auch im Vogtland vor allen Dingen Kiefern und Tannen. In tieferen Lagen kommen Eichen und Birken hinzu. Neben der Fichte hat sich heute aber auch die fichtenähnliche Höhenkiefer etabliert, die man vorzugsweise an trockenen sonnenseitigen Hängen bis etwa 650 m Höhe findet. Die ausgedehnten Waldgebiete werden heute intensiv forstwirtschaftlich genutzt und liefern den begehrten Rohstoff Holz. Im Rahmen der Bewirtschaftung wurden auch ehemalige Bergbauhalden wieder aufgeforstet. Daneben mindert der Wald Temperaturextreme, die Windgeschwindigkeit, die Intensität des oberirdischen Wasserabflusses und mittels Durchwurzelung des Bodens das Abrutschen von Flächen. Dem Menschen bietet er dagegen Ruhe, saubere Luft und ein ausgeglichenes Klima.

Pflanzenwelt

In den oberen Höhenlagen wird die Bodenvegetation überwiegend durch Zwergenstrauchheide gebildet. Dazu gehören Heidel- und Preiselbeere, Heidekraut, Gemeine Trunkelbeere und Krähenbeere. Neben zahlreichen Moosen und Flechten finden sich auch vereinzelt arktisch-alpine Pflanzen wie der Gewöhnliche Alpenmilchlattrich, der Alpen-Bärlapp oder die Alpen-Goldrute. Die am wenigsten von den Menschen beeinflussten Biotope sind die Hochmoore, die wir meist in Höhenlagen zwischen 800 und 1000 m antreffen. Voraussetzung für ihre Entstehung sind ein undurchlässiger Untergrund, ausgiebige Niederschläge und kühle Temperaturen. Hier finden wir Moorkiefern und Latschen sowie als Pflanzendecke z. B. verschiedene Arten Torfmoose und Riedgras, ferner Wollgras, Sonnentau und Heidekraut. Diese Gebiete stehen heute beiderseits der Grenze unter Naturschutz und werden teilweise von beschriebenen Wanderungen berührt. Dazu zählen u. a. der Große Kranichsee bei Carlsfeld, der Kleine Kranichsee bei Johanngeorgenstadt (Tour 7), das Hormersdorfer Moor (Tour 11), der Torfgrund bei Božý Dar/Gottesgab und das Georgenfelder Hochmoor (Tour 33). Bekannt ist das Erzgebirge aber auch durch seine Wiesen mit ihren zahlreichen Kräutern, besonders im Osterzgebirge, die im Frühsommer einen wunderbaren Anblick bieten. Hier finden wir u.a. Wiesenmargeriten, Glockenblumen, Waldstorchschnabel, Arnika und mehr, auf feuchten Wiesen auch die Trollblume. Eine Besonderheit ist die an feuchtkalten Stellen und an großen Bächen vorkommende Alpenmilchlattrich-Flora, z. B. im unter Naturschutz stehenden Zechengrund bei Oberwiesenthal. Das Gebiet um den Fichtelberg ist bekannt durch seine Borstgrasmatten. Die Bodenvegetation in den Waldgebieten wird überwiegend von Zwergsträuchern und Gräsern gebildet, in Feuchtgebieten finden wir auch Farne. Einen guten Überblick über die Flora des Erzgebirges, der europäischen Hochgebirgsflora, aber auch außereuropäischer Regionen vermittelt der Botanische Garten von Schellerhau (Tour 32). In besonderem Maße fühlt man sich hier dem Schutz gefährdeter und vom Aussterben bedrohter Arten des Erzgebirges verbunden und hat deshalb hier Erhaltungskulturen eingerichtet.

Tierwelt

Erzgebirge wie Vogtland bieten zahlreichen Tierarten idealen Lebensraum. Weit verbreitet sind Rot- und Rehwild. Ein besonderes Naturschauspiel ist noch immer die Brunft des Rotwildes alljährlich im September/Oktober auf besonders ruhigen Brunftplätzen. Unter den Raubtieren kommt der Fuchs häufig vor, daneben sind auch Marder, Wiesel und Iltis anzutreffen. Greifvögel sind dagegen selten. In den Feuchtgebieten, also Hochmoore und Kammwiesen, sind Frösche, Kröten und der Wiesenpieper zuhause. Der vorhandene Fichtenwald ist die Heimat vieler Kleinvögel. Das seltene Auer- und Birkwild ist noch in entlegenden Wald- und Moorgebieten zu finden. Die bunt blühenden Bergwiesen sind dagegen der Lebensraum zahlreicher Insekten. Jagdgesetze regeln Hege und Jagd und berücksichtigen auch die Belange der Land- und Forstwirtschaft.

Naturpark Erzgebirge/Vogtland

Entlang der sächsisch-böhmischen Grenze erstreckt sich zwischen dem vogtländischen Bad Elster und Frauenstein bzw. dem Freiberger Muldental der »Naturpark Erzgebirge/Vogtland«. Er bedeckt eine Fläche von 1495 qm überwiegend in einer Höhe über 500 m und wird getragen von einem Zweckverband, den die Landkreise gegründet haben. Nicht dazu gehört das Gebiet des Weißeritzkreises im Osterzgebirge, wo aber einzelne Naturschutzgebiete ausgewiesen sind. Von der Fläche entfallen 61% auf Wälder, 30% werden landwirtschaftlich genutzt und 9% sind Siedlungsgebiete mit über 300 000 Menschen. Im Schutzgebiet liegen 243 Flächennaturdenkmale, 12 Landschaftsschutzgebiete, 42 Naturschutzgebiete und 3 Vogelschutzgebiete. Rund 20 weitere Landschafts- oder Naturschutzgebiete sind geplant. Der Zweckverband hat die Aufgabe, das Gebiet unter Berücksichtigung von Naturschutz, Landschaftspflege und Erholung zu entwickeln und zu pflegen. Ein Faltblatt vermittelt ein Porträt der Region, und beliebt ist auch die Wanderausstellung »Natur erleben weckt Naturverständnis«.
Zweckverband Naturpark Erzgebirge/Vogtland: Schlossplatz 8, 09487 Schlettau; Tel.: 03733/62 21 06, Fax: 03733/62 21 07; E-Mail: naturpark@tira.de, Internet: www.naturpark-erzgebirge-vogtland.de

Löwenzahn – leuchtend gelbe Tupfer auf einer Wiese.

Informationen und Adressen

Ständig aktualisierte Internetadressen entnehmen Sie bitte der Webseite des Bergverlag Rother: www.rother.de (WebLinks/GeoSuche).

Anreise

Das Erzgebirgsvorland ist durch die Autobahnen 4 Hermsdorfer Kreuz – Chemnitz – Dreieck Nossen – Dresden sowie 72 Chemnitz – Zwickau – Plauen – Dreieck Bayerisches Vogtland erschlossen und mit dem übrigen deutschen Autobahnnetz verbunden, sodass man das Erzgebirge aus allen Teilen Deutschlands gut erreichen kann.

Für mit der Bahn anreisende Feriengäste ist die IC-Linie Dresden – Freiberg – Chemnitz – Zwickau – Plauen – Nürnberg von Bedeutung, über die Umsteigeverbindungen von/nach Süddeutschland möglich sind. Für das gesamte mittlere Erzgebirge ist die Interregio-Linie Berlin – Chemnitz wichtig, über die man in Berlin Anschlüsse insbesondere nach/von Norddeutschland bekommt. Dresden dagegen ist sehr gut an das Fernverkehrsnetz mit ICE/EC und IC-Zügen angeschlossen und kann aus allen Teilen Deutschlands vielfach mit durchgehenden Zügen erreicht werden. Das Erzgebirge selbst ist durch verschiedene Nebenbahnstrecken erschlossen, siehe unter Nahverkehr. Automatische Fahrplanauskunft unter Tel. 0800/150 70 90 oder www.bahn.de.

Flugreisende erreichen von den meisten großen deutschen Städten, auch von Wien und Zürich, Dresden im Direktflug, während der Flughafen von Hof nur eine Verbindung von/nach Frankfurt/Main bietet.

Weltgrößter Nussknacker in Neuhausen.

Parkplätze

Autofahrer finden bei den Bahnhöfen, Busbahnhöfen oder Bus-Haltestellen, die Ausgangspunkte der Wandertouren sind, genügend Parkplätze, sodass auf gesonderte Hinweise dazu verzichtet werden konnte.

Nahverkehr

Das Erzgebirge ist durch Bahnstrecken und Busse gut erschlossen. Der größte Teil der Region gehört zum Verkehrsverbund Mittelsachsen.

Informationen zu Preisen und Fahrplänen erhält man bei nachfolgend aufgeführten Adressen. Die Partner der Verkehrsverbünde bieten auf ihren Internetseiten meist komplette, streckenbezogene Fahrpläne zum Ausdrucken an. Buslinien bieten Verbindungen ab Chemnitz Hbf ins Erzgebirge an, ab Dresden kommt man mit der RVD nach Altenberg. Eine Linie führt von Dresden über Frauenstein – Sayda nach Olbernhau. Der Kurort Seiffen ist mit Freiberg durch eine Linie der Firma Zacharias verbunden.

Verkehrsverbund Mittelsachsen: Am Rathaus 2, 09111 Chemnitz; Service-Telefon: 01801/4000 888, Fax: 0371/4000 899; E-Mail: info@vms-mobil.de, Internet: www.vms-mobil.de

Wichtige Verbundpartner:

DB RegioNetz Verkehrs GmbH – Erzgebirgsbahn: Bahnhofstr. 9, 09111 Chemnitz; Tel.: 0371/493 30 41, Fax: 0371/493 3171; E-Mail: Lutz.Mehlhorn@bahn.de

Freiberger Eisenbahngesellschaft: Carl-Schiffner-Str. 26, 09599 Freiberg; Tel. 03731/30077-7, Fax: 03731/30077-22; E-Mail: info@freiberger-eisenbahn.de.

Autobus GmbH Sachsen Regionalverkehr Chemnitz: Zwickauer Str. 58, 09112 Chemnitz; Tel.: 0371/3808-0, Fax: 0371/3808-113.

BVO Verkehrsbetriebe Erzgebirge GmbH: Geyersdorfer Str. 32, 09456 Annaberg-Buchholz; Tel. 03733/151-0, Fax: 03733/221-54; E-Mail: bvo@bvo.de.

Zacharias Verkehrsbetrieb: Jahnweg 2, 09544 Neuhausen; Tel.: 037361/470-7, Fax: 037361/470-99; E-Mail: zacharias-bus-neuhausen@t-online.de.

Verkehrsverbund Oberelbe GmbH: Elbcenter Dresden, Leipziger Str. 120, 01127 Dresden; Tel.: 0180/22662266 (Hotline) oder 0351/85265-0; Fax: 0351/85265-13; E-Mail: info@vvo-online.de.

RVD Regionalverkehr Dresden GmbH: Ammonstr. 25, 01067 Dresden; Tel.: 01802/443443, Fax: 0351/4954033; E-Mail: service@rvd.de.

Das vogtländische Erzgebirge und das Elstergebirge werden durch die Vogtlandbahn und Buslinien erschlossen.

Vogtlandbahn GmbH: Ohmstr. 2, 08496 Neumark; Service-Tel.: 03744/10449; E-Mail: info@vogtlandbahn.de, Internet: www.vogtlandbahn.de.

Für Eisenbahnfreunde sind einige **Nostalgie-Schmalspurbahnen** mit Dampflok von Bedeutung. Verbundtarife kommen hier nicht zur Anwendung!

Fichtelbergbahn, BVO Bahn GmbH: Bahnhofstr. 7, 09484 Kurort Oberwiesenthal; Tel.: 037348/151-0, Fax: 037348/151-29; E-Mail: fichtelbergbahn@bvo.de.

Preßnitztalbahn, Interessengemeinschaft Preßnitztalbahn e. V.: Am Bahnhof 78, 09477 Jöhstadt; Tel.: 037343/8080-0, Fax: 037343/8080-9; E-Mail: verein@pressnitztalbahn.de.

Weißeritztalbahn, Interessengemeinschaft Weißeritztalbahn e. V.: Im Bahnhof Hainsberg, 01705 Freital; Tel.: 0351/64 12701, Fax: 0351/6411495; E-Mail: igw@weisseritztalbahn.de

Durch das Hochwasser vom 12./13.8.2002 wurde die Strecke Freital-Hainsberg – Kipsdorf stark zerstört. Zur Zeit finden nur sporadisch Sonderfahrten auf einer intakten Teilstrecke statt.

Fahrpläne für Busse und Bahnen innerhalb der Tschechischen Republik über die Internetseite **www.jizdnirady.cz** abfragen (auch deutsches Menü).

Dampflokzug der Fichtelbergbahn.

Fremdenverkehrsämter

Informationen über Unterkunftsmöglichkeiten, Museen, Ausstellungen, kulturelle Veranstaltungen, Öffnungszeiten und mehr bekommt man über die verschiedenen Fremdenverkehrsorganisationen. Nachfolgend ein Verzeichnis der überregionalen Tourismusvertretungen:

Tourismusverband Erzgebirge e.V.: Adam-Ries-Str. 16, 09456 Annaberg-Buchholz; Tel.: 03733/18 800-0, Fax: 03733/18 800-20; E-Mail: info@tourismus-erzgebirge.de; Internet: www.erzgebirge-tourismus.de.

Westerzgebirge: *Landratsamt Aue-Schwarzenberg,* Referat Fremdenverkehr: Wettiner Str. 64, 08280 Aue; Tel. 03771/277-170, Fax: 03771/277-181.

Chemnitz und Umgebung: *Landratsamt Chemnitzer Land,* Amt für Kultur, Sport und Tourismus; Gerhart-Hauptmann-Weg 2, 08371 Glauchau; Tel.: 03763/45-0, Fax: 03763/45-301.

Obererzgebirge: *Fremdenverkehrsgemeinschaft Oberes Erzgebirge:* Karlsbader Str. 109, 09465 Neudorf; Tel.: 037342/83 88, Fax: 037342/160 48.

Mittleres Erzgebirge: *Tourismusgemeinschaft Mittleres Erzgebirge e. V.:* Bergstr. 7 (Post Markt 7), 09496 Marienberg; Tel.: 03735/601-312, Fax: 03735/601-342: E-Mail: Mittleres-Erzgebirge@t-online.de.

Silbernes Erzgebirge: *Fremdenverkehrsgemeinschaft Silbernes Erzgebirge e.V.:* Freiberger Str. 8, 09618 Brand-Erbisdorf; Tel. und Fax: 037322/25 50; E-Mail: info@silbernes-erzgebirge.de.

Östliches Erzgebirge: *Fremdenverkehrsgemeinschaft Östliches Erzgebir-*

ge e.V.: Altenberger Str. 5, 01744 Dippoldiswalde; Tel.: 03504/61 48 77, Fax: 03504/61 48 78; E-Mail: info@ost-erzgebirge.de.

Vogtland: *Tourismusverband Vogtland e.V.:* Friedrich-Ebert-Str. 21a, 08209 Auerbach; Tel. 03744/188 86-0, Fax: 03744/188 86-59; E-Mail: info@vogtlandtourist.de.

Klima

Das Klima des Erzgebirges ist insbesondere in Kammlagen sehr rau. Im Sommer sind die Hochflächen dem Wind voll ausgesetzt, im Winter die höheren Lagen durch Schneeverwehungen, Raureif und Nebel geprägt. So trägt die Gegend um Oberwiesenthal auch den Beinamen »Sächsisches Sibirien«, und der Fichtelberg ist absolut kein Schönwetter-Berg, ist er doch durchschnittlich an 290 Tagen im Jahr nebelumhüllt. Die Temperaturen sind auch im Sommer als kühl zu bezeichnen. Während Berlin im Juli ein Temperaturmittel von 18,4 °C erreicht, sind es in Chemnitz nur noch 16,6 °C und auf dem Fichtelberg 11,2 °C. Besonders die nördliche Seite des Gebirges ist von Niederschlagsreichtum betroffen. Dieser nimmt von West nach Ost ab, und so liegen die Mengen im Westerzgebirge fast überall über 1000 mm im Jahr. Zum Vergleich: Berlin verzeichnet eine jährliche Niederschlagsmenge von 578 mm im Jahr, Chemnitz 700 mm, Annaberg-Buchholz 982 mm und der Fichtelberg 1121 mm. Die Niederschläge verteilen sich auf das ganze Jahr, regenärmste Monate sind jedoch September und Oktober. Das raue Klima sorgt in den höheren Lagen aber auch für Schneesicherheit, und das meist an über 100 Tagen im Jahr. Hilfreich ist es, sich einen Tag vor einer Tour im Internet über das lokale Wetter zu informieren, z.B. unter www.wetteronline.de, www.dwd.de oder www.wetter.de.

Jahreszeit

Das Erzgebirge wird im Sommer wie Winter gern besucht. Wer Ruhe und Einsamkeit sucht, sollte die Zeit ab Mitte Mai wählen. Besonders im Osterzgebirge findet man dann prachtvolle blühende Bergwiesen, z.B. am Geisingberg. Die Sommersaison geht von Mitte Juni bis Ende August, ist aber nicht so stark besucht wie vergleichsweise der Winter. Der Herbst lockt mit wenigen Regentagen, klarer Sicht, farbenprächtigen Laubbäumen und immergrünen Kiefern und Tannen. Die Wintersaison beginnt Ende November und endet Anfang April. Insbesondere Skiwanderer kommen dann auf ihre Kosten dank eines riesigen Loipennetzes beiderseits der Grenze. Von Schöneck im Vogtland führt die »Kammloipe« nach Johanngeorgenstadt, von dort die »Skimagistrale« nach Rehefeld-Zaunhaus und schließlich die »Osterzgebirgsloipe« bis nach Geising. Aber auch Abfahrtsläufer, Winterwanderer (verschiedene beschriebene Wege können auch dann begangen werden) und Liebhaber von Pferdeschlittenfahrten kommen auf ihre Kosten. Die meisten Skilifte für Abfahrtsläufer findet man im Bereich zwischen Klínovec/Keilberg und Fichtelberg bei Oberwiesenthal.

CHEMNITZ
ZWICKAU
Meerane
Glauchau
Hohenstein-Ernstthal
Oberfrohna
Röhrsdf.
Flöha
Crimmitschau
Oberlungwitz
Lichtenstein
Neukirchen
Einsiedel
Werdau
Lugau
Oelsnitz
Thalheim
Stollberg
Gelenau
Reichenbach/ Vogtland
Wilkau-Haßlau
Kirchberg
Schlema
Lößnitz
Zwönitz
Geyer
Aue
Schneeberg
Lengenfeld
Rodewisch
Treuen
Auerbach/ Vogtland
Lauter
Schwarzenberg
Crottendorf
Schönheide
Eibenstock
Breitenbrunn
Bärenstein
Falkenstein/ Vogtland
Johanngeorgenstadt
Kurort Oberwiesenthal
Klingenthal
Kraslice
Nejdek
Jáchymov
Ostrov
Rotava
Nová Role
Chodov
KARLOVY
Luby
Bad Brambach
Habartov
SOKOLOV
Nové Sedlo
Loket
Horní Slavkov

Erbisdorf
Langenau
Eppendorf
Leubsdorf
Borstendorf
Lippersdorf
Börnichen
Gahlenz
Mulda
Müdisdorf
Groß-hartmannsdorf
Groß-waltersdorf
Zethau
Dorfchemnitz b. Sayda
Mittelsaida
Saidenbach Talsperre
Dörnthal
Forchheim
Pfaffroda b. Sayda
Sayda
Pockau
Hallbach
Lauterbach
Marienberg
Blumenau
Olbernhau
Heidersdorf
Neuhausen
Deutscheinsiedel
Seiffen
Ansprung
Pobershau
Rübenau
Brandov
Kühnhaide
Hirtstein
Reitzenhain
Steinbach
Satzung
Kalek
Hora Svaté Kateřiny
Nová Ves v Horách
Hora Svatého Šebestiána
Kryštofovy Hamry
Jelení hora
Výsluní
Křimov
Blatno
Jirkov
Boleboř
Vysoká Pec
Weigmannsdorf
Lichtenberg
Burkersdorf
Frauenstein
Hartmannsdorf
Reichenau
Nassau
Rechenberg-Bienenmühle
Clausnitz
Cämmerswalde
Deutschgeorgenthal
Rauschenbach Talsperre
Holzhau
Český Jiřetín
Moldava
Hermsdorf
Rehefeld-Zaunhaus
Sadisdorf
Talsperre Lehnmühle
Schmiedeberg
Dittersdorf
Börnersdorf
Kipsdorf
Bärenstein
Lauenstein
Altenberg
Geising
Zinnwald-Georgenfeld
Cínovec
Fürstenwalde
Fürstenau
Krupka
Dubí
Proboštov
Novosedlice
Bystřany
Mikulov
Hrob
Košťany
Teplice
Osek
Duchcov
Vodní nádrž Fláje
Kliny
Loučná
Meziboří
Litvínov
Hamr
Horní Jiřetín
Lom
Záluží
Hostomice
Kostomlaty pod Milešovkou
Bílina
Braňany
Komořany
Most
Obrnice
Hrobčice
Mukov
Vrskmaň
Strupčice
Otvice
Chomutov
Spořice
Údlice
Sušany
Havran
Polerady
Bělušice
Skršín
Bečov
Měrunice
Libčeves
Třtěno
Raná
Chožov
Březno
Bílence
Blažim
Výškov
Hrušovany
Velemyšleves
Bitozeves
Břvany
Dobroměřice
Louny
Cítoliby
Chomutovka
Místo
Černovice
Domašín
Pruneřov
Vernéřov
Klášterec nad Ohří
Kadaň
Úhošťany
Kotvina
Vodní nádrž Nechranice
Březany
Poláky
Chbany
Libočany
Žiželice
Postoloprty
Staňkovice
Rokle
Vinaře
Libědice
Sedčice
Žatec
Radíčeves
Záluží
Lipenec
Jimlín
Lišťany
Smolnice
Panenský Týnec
Liběšice
Tuchořice
Hřivice
Vinařice
Vilémov
Radonice
Kněžice
Holedeč
Třeskonice
Solopysky
Ročov
Kadaňský Rohozec
Krásný Dvůr
Měcholupy
Blšanka
Nečemice
Pnětluky
Mašťov
Pšov
Libořice
Deštnice
Domoušice
Pochvalov
Buškovice
Podbořany
Soběchleby
Kounov
Nepomyšl
Blšany
Mutějovice
Džbán
Podbořanský Rohozec
Očihov
Velká Černoc
Svojetín
Krupá
Řevničov
Valeč
Vroutek
Strojetice
Kryry
Hořesedly
Nové Strašecí
Luka
Vrbice
Drahonice
Hořovičky
Kněževes
Lišany
Ruda
Lubenec
Petrohrad
Kolešovice
Rakovník
Lužná
Oráčov

1 Zur höchstgelegenen Trinkwassertalsperre Deutschlands

Stickereizentrum und Badegärten

Eibenstock – Carlsfeld – Talsperre – Weiters-Glashütte – Eibenstock

Ausgangspunkt/Ziel: Bus-H. Platz des Friedens in Eibenstock, Verbindungen u.a. mit Aue.
Gehzeiten: Eibenstock – Carlsfeld 2¼ Std., weiter zur Talsperre Weiterswiese ½ Std., dann nach Weiters-Glashütte ½ Std., zurück nach Eibenstock 2½ Std., insgesamt 5¾ Std. (21 km).
Höhenunterschied: 350 Hm.
Anforderungen: Lange Wandertour, meistens gute Waldwege, zwei Anstiege.
Einkehr: In Carlsfeld, ferner Gh. Talsperre sowie in Weiters-Glashütte.
Sehenswürdigkeiten: In Eibenstock neoromanische Stadtkirche (1864–68), Jugendstilrathaus (1907) und Stickereimuseum, in Carlsfeld die älteste Rundkirche Sachsens (1684–88 erbaut).
Variante: Bus-Rückfahrt von Weiters-Glashütte, dann nur ca. 3 Std. (11,5 km).

Pyramide in Carlsfeld.

Eibenstock zählt etwa 7 200 Einwohner, davon rund 1.000 in Carlsfeld, und liegt auf einer Hochfläche südlich der Talsperre Eibenstock, der größten Trinkwassertalsperre Sachsens. Carlsfeld ist nicht nur bekannt als schneesicherster Ort Sachsens, sondern erlangte einst Weltruhm durch die Fertigung von Bandoneons. Ziel ist aber die Talsperre Weiterswiese, die höchst gelegene Trinkwassertalsperre Deutschlands, 1926-29 erbaut mit einem Fassungsvermögen von rund 3 Mio m^3.

Vom **Platz des Friedens** in Eibenstock, 640 m, nach rechts, am Postamt vorbei zum Postplatz, mit roter Markierung die Bergstraße hinab, weiter durch die Vordere Rehmerstraße, halb rechts in die Lohgasse und hinauf zum Carlsfelder Steig. Über Wiesen zum Waldrand bergan. Auf breitem Waldweg aufwärts zur Kreuzung mit dem Heckleitenweg, ¾ Std. In der Folge geht es in Wellen bergan bis zu einem von rechts kommenden Fahrweg. In bisheriger Richtung weiter, kurz darauf mündet von rechts ein Weg vom ehemaligen Torfhaus ein, und wir kommen zu einer großen Wegteilung mit Schutzhütte. Geradeaus weiter, dann zweigt ein grün bezeichneter Weg ab. Bald danach erreichen wir das Wiesengelände mit Tiefblick auf Carlsfeld. Durch dieses nach **Carlsfeld**, 800 m, hinab, wo wir die Autostraße unweit

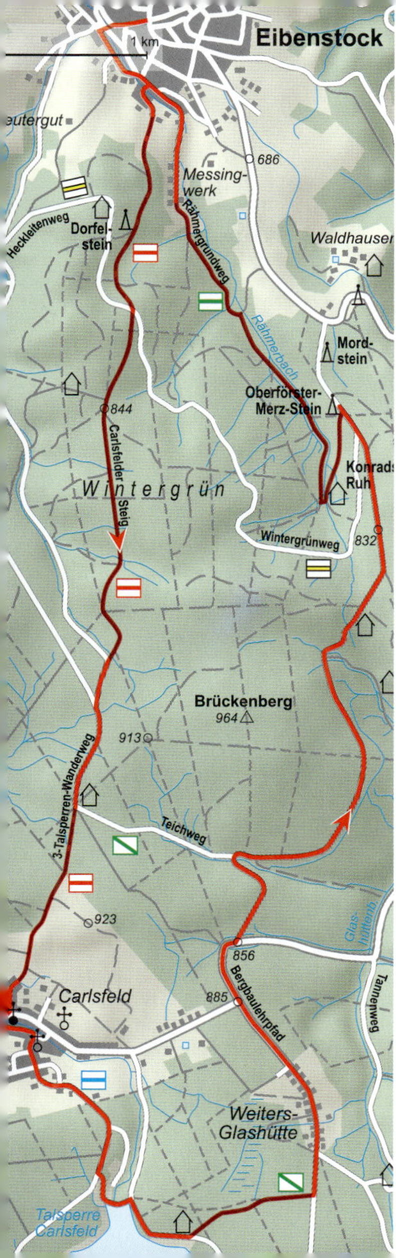

der Wendeschleife (rechts) und der Rundkirche (links) erreichen.

Links kurz die Hauptstraße weiter, bis rechts eine blau markierte Straße (auch FWW E3) abzweigt und bergan führt. Vorbei am **Gasthaus Talsperre**, in bisheriger Richtung weiter, dann links zur Dammkrone, 906 m, und über diese zu einem Querweg auf der anderen Seite der Talsperre. Nach rechts neben dem Stausee weiter, mittels Linkskurve zu einer Schutzhütte mit Weggabelung, 916 m, dort links (grüne Mark. und E3) von der Talsperre weg, durch dichten Wald zu einer Kreuzung, hier links zur Waldsiedlung **Weiters-Glashütte** (880 m, Bus-H.).

Auf der Autostraße nordwärts zur Einmündung in die Carlsfelder Straße, auf dieser geradeaus weiter, bis in der Rechtskurve links ein Fahrweg abzweigt, dort eine seltene Pochsohle aus der Bergbauzeit, 20 Min. Auf dem Fahrweg nordwärts, wobei zuerst ein grün bez. Weg links abgeht, dann rechts der Schulmeisterweg und danach der Ehrethausweg, bevor wir eine Kreuzung mit Schutzhütte erreichen, ¾ Std. Geradeaus vorbei an der Abzweigung des Wintergrün Weges, kurz stärker hinab, dann links mit grüner Markierung zur Schutzhütte Konrads Ruh, 10 Min. Kurz danach per Rechtskurve zum Rehmerbach, an ihm entlang und zu den ersten Häusern in diesem Seitental. Auf der Hinteren Rehmerstraße über den Bach, bis von links die Lohgasse einmündet, durch die der Hinweg erfolgte. Auf bekanntem Weg zurück.

2 Filzteich und Fürst-Bismarck-Turm, 557 m

Unterwegs in historischer Bergbaugegend um Schneeberg

Schneeberg – Filzteich – Lindenau – Fürst-Bismarck-Turm – Schneeberg

Ausgangspunkt/Ziel: Schneeberg, Bus-H. »Warte«, diverse Buslinien, u.a. von/nach Aue und Zwickau.
Gehzeiten: Schneeberg – Filzteich gut 1 Std., weiter zur Forstteichschänke ¾ Std., dann zum Fürst-Bismarck-Turm 1¼ Std., zurück nach Schneeberg ¾ Std., insgesamt 3¾ Std. (15 km).
Höhenunterschied: 180 Hm.
Anforderungen: Abwechslungsreiche Tour im Hügelgelände, gute Wege mit mehreren kleinen Steigungen.
Einkehr: Gh. Jägerheim, in der Forstteichschänke und im Gh. Keilberg.
Sehenswürdigkeiten: Spätgotische St. Wolfgangskirche (1516–40, Flügelaltar von Lucas Cranach), neugotisches Rathaus von 1851/2, Museum für bergmännische Volkskunst in einem Barockgebäude.

Die Gründung von Schneeberg, 478 m, geht auf reiche Silbervorkommen zurück. Im Zentrum liegen viele schöne Bürgerhäuser. Der erste Teil der Tour folgt teilweise dem Bergbaulehrpfad. Der Filzteich, die älteste Talsperre Sachsens, wurde 1483-85 für den Bergwerksbetrieb angelegt und ist heute ein beliebtes Erholungszentrum. Auf dem Keilberg im NW der Stadt steht ein 1893 erbauter 21 m hoher Aussichtsturm.

An der **Rathaus**-Rückseite vorbei, dann südwärts die Neustädter Straße entlang. An der Einmündung der B 93 links bis zum Laubegässchen, hier rechts die Treppenstufen hinauf zur Ackerstraße. In bisheriger Richtung bis zur Unteren Krankenhausstraße, dort links, dann zum Beginn der Forststraße. Auf ihr nur kurz entlang, bis links die Stiftstraße abzweigt, von ihr links über eine Brücke, dann gemäß grüner Markierung durch die Bergmannsgasse. Wir kreuzen die Lindenauer Straße und folgen gegenüber dem Fußweg, der über den Kirchsteig zur Schachtstraße führt und zur früheren Gaulenhöfer Hütte. Dort rechts auf rotem EB-Weg durch Wiesen bergauf an alten Fundgruben vorbei zur Filzteichstraße. Auf ihr rechts zum Standort der ehemaligen St.-Anna-Kapelle. Dort rechts ab, an der Fundgrube Daniel vorbei, über einen Querweg, dann durch Wiesen, bis wir schließlich wieder auf die vorherige Autostraße treffen. In bisheriger Richtung weiter, am **Filzteich** vorbei, nach rechts bis vor ein Kinder- und Jugenderholungszentrum, dann auf Fahrweg zum Gasthaus Jägerheim beim Filzteich, 585 m, 20 Min.

Weiter am Waldrand, nach 5 Min. auf einem Querweg rechts vom Wald weg, über den Danieler Weg und gegenüber mit blauer Markierung weiter. Mit Tiefblick auf **Lindenau** zum Dorf hinab, über die Schulstraße zur Dorfstraße und auf ihr rechts bis zur Bus-H. »Alte Dorfstraße«, 25 Min, 490 m. Dort links ab, dann gleich rechts auf blauer Markierung zu einer Anhöhe mit Blick auf den **Forstteich**. Wir treffen auf einen Querweg, hier kurz links, dann gleich rechts und in einem Bogen um den Forstteich herum bis zu einem Parkplatz, dort rechts zur Forstteichschänke.

Bergstreittag Schneeberg: bei der großen Bergparade.

Links zur Waldstraße, auf dieser am Stockteich vorbei, dann links auf blau markiertem Waldweg ab, an den Rossner Teichen vorbei zu einer Wegteilung, ¼ Std. Hier rechts auf Feldweg bergan, dann per Linksbogen zur B 93, über diese zur Kirche in **Griesbach**. Auf grün bezeichnetem Fußweg zum Weg »Höhenblick«, kurz rechts, dann auf Sandweg durch Häuser zu einem weiteren Querweg. Hier rechts und bei der folgenden Kreuzung links Richtung Wald. Am Waldrand folgt eine Linkskurve, dann rechts in den Wald, geradeaus über eine Kreuzung zum Ziegelteich. Vor ihm rechts zum Fahrweg Waldesruh, auf diesem links, dann rechts auf markiertem Fußweg zum **Keilberg**, 557 m, hinab. Bergab zu den Wohnblöcken, über die Griesbacher Straße, gemäß Markierung durch die Siedlung zum Keilbergring und mittels Linksbogen zur Langenbacher Straße. Rechts zur Einmündung der Wildbacher Straße, gegenüber im Stadtpark parallel zur Hartensteiner Straße weiter. Über die Amtsgerichtsstraße zur Einmündung der Auer Straße und zur Bus-H. »Warte« im Zentrum.

3 Auf den Gleesberg, 593 m

Floßgraben, Köhlerturm und der älteste Förderturm Deutschlands

Aue – Floßgrabenweg – Gleesberg – Zschorlau – Aue

Ausgangspunkt/Ziel: Bhf. Aue (Strecken Zwickau – Aue – Johanngeorgenstadt bzw. Chemnitz – Aue), ferner Haltestellen diverser Buslinien.
Gehzeiten: Aue – Gleesberg 1¼ Std., nach Zschorlau gut 1 Std., zurück nach Aue 1¾ Std., insgesamt ca. 4 Std.(16 km).
Höhenunterschied: 360 Hm.
Anforderungen: Gute Wege und zwei sich lang hinziehende Anstiege.
Einkehr: Berggaststätte auf dem Gleesberg und Gh. Sängerhalle in Zschorlau.
Sehenswürdigkeiten: Verschiedene Bürgerhäuser im Jugendstil, die St.-Nicolai-Kirche von 1891–93 mit 74 m hohem Turm als höchste Erhebung der Stadt, die Kirche des ehemaligen Augustiner-Chorherrenstifts, das Stadtmuseum sowie das Schaubergwerk »St. Anna«.

Die Kreisstadt Aue, 320 m, 1173 gegründet, zählt 19 000 Einwohner, liegt reizvoll am Zusammenfluss von Zwickauer Mulde und Schwarzwasser, hatte lange Zeit Bedeutung durch den Abbau von Kaolinerde, dem Grundstoff für die Porzellanherstellung, und war nach dem Zweiten Weltkrieg Zentrum des heute eingestellten Uranerzbergbaus. Der Floßgraben, 15 km lang, wurde 1556-59 zum Transport von Grubenholz erbaut. Schließlich steht auf dem Gleesberg ein 18 m hoher Aussichtsturm von 1898, der nach dem Gründer des Erzgebirgsvereins »Köhlerturm« benannt wurde. Ein Überbleibsel aus der Bergbauzeit ist der eiserne 18 m hohe Förderturm des Türkschachtes von 1887/88.

Vom **Bahnhof** in **Aue** links unter der Brücke durch, auf der Bahnhofstraße zur Schillerbrücke, auf ihr rechts über die Zwickauer Mulde, dann links auf der Poststraße zum Postplatz. Weiter halb rechts zur Goethestraße, kurz rechts, dann in die Lessingstraße. Diese trifft auf die Thomas-Mann-Straße, der wir rechts folgen. Dann geht links die Käthe-Kollwitz-Straße ab und führt aufwärts zur Gellertstraße. Über diese halb rechts zum Waldrand mit Denkmal und über Treppen zum **Floßgraben**. Der nun rot bezeichnete Weg führt romantisch neben dem Wassergraben entlang. Bei einer Waldlichtung rechts über den Floßgraben, dann zum Waldrand hinauf, auf der Wiesenseite über einen ersten Querweg zu einem weiteren. Hier links vom Wald weg, vorbei an den **Peuschelgütern** auf dem Weg »An den Gütern« zu einer Kreuzung auf einem Wiesensattel. Hier links, rot bezeichnet, Richtung Gleesberg und bald vorbei an Wald-Gartengrundstücken. Dann rechts durch diese zu einer Wegteilung oberhalb davon. Gemäß Hinweis auf einem Fahrweg bergan, dann aus einer Kurve links auf den **Gleesberg**, 593 m, nicht ganz 10 Min. Aussicht nur vom Turm!

Knapp unterhalb des Gipfels auf rot markiertem Weg Richtung Schneeberg, anfangs stärker bergab. Bei einem Wald-Parkplatz links Richtung Neustädtel. Dann geht rechts ein Weg ab, hier geradeaus, in der folgenden Rechtskurve vom Asphaltweg links ab und auf unmarkiertem Weg aufwärts. Geradeaus zum Waldrand mit einem blau bezeichneten Querweg. Auf diesem rechts vorbei an einer Abzweigung zum Schaubergwerk »St. Anna« zum Waldrand mit Weggabelung. Dort links, auf dem Hauptweg durch die Felder zur Neustädter Straße, die auf einer Kuppe überquert wird, geradeaus bis vor ein Wohnhaus, hier links zum alten Förderturm vom **Türkschacht**. Etwas unterhalb weiter zu einer Wegteilung, erneut links bis vor die Neustädter Straße. Vor ihr rechts auf einem Feldweg nach **Zschorlau**, 490 m, hinein, wo wir beim Gasthaus Sängerhalle die August-Bebel-Straße erreichen.

Kurz auf ihr rechts, dann links über den Bach, geradeaus bergan, vorbei an einer Kirche und auf Schotterweg zu einer Anhöhe mit Schuppen. Bald danach treffen wir auf einen Feldweg, 20 Min., hier links zum Waldrand, dort rechts auf gelber Markierung weiter. Über eine Kreuzung zur Oberen Schachtstraße, dann halb rechts. Wir folgen der gelben Markierung nun bis zur Felswand **»Gemauerter Stein«**, 601m. Dort rechts kurz stärker bergab zum Unteren Weg. Auf ihm links zum Waldrand. Beim ersten Haus rechts herab zur Ricarda-Huch-Straße und auf ihr unter Kreuzung des Floßgrabens zur Wettinerstraße, 20 Min. Auf ihr rechts, dann links durch die Auerhammerstraße zur Goethestraße und auf bekanntem Weg zum Bahnhof.

Restaurierte Hotelfassade in Aue.

4 Schwarzenberg und Umgebung

Schwarzwasser, Pöhlwasser und Mittweida

Schwarzenberg – Pöhla – Raschau – Schwarzenberg

Ausgangspunkt/Ziel: Bahnhof bzw. Bus-Bahnhof in Schwarzenberg, Ausgangspunkt vieler Linien.
Gehzeiten: Schwarzenberg – Pöhla 1½ Std., Pöhla – Raschau 1 Std., Raschau – Schwarzenberg 1½ Std., insgesamt knapp 4 Std. (15 km).
Höhenunterschied: 350 Hm.
Anforderungen: Abwechslungsreich mit mehreren Auf- und Abstiegen.
Einkehr: In Pöhla, Raschau und im Gasthof St. Katharina.
Sehenswürdigkeiten: Burg von ca. 1150 mit Heimatmuseum, die St. Georgenkirche, in der Altstadt das Meißner Glockenspiel mit 37 Porzellanglocken, in Pöhla Besucherbergwerk mit Europas größten Zinnkammern; in Raschau die Allerheiligen-Kirche aus dem 16. Jh.

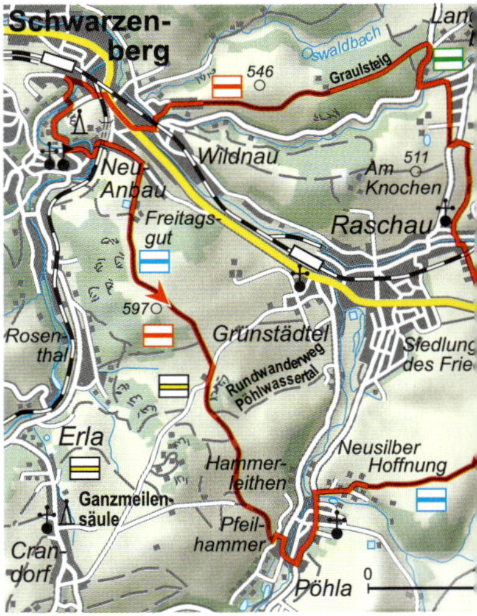

Wegen der reizvollen Lage am Zusammenfluss von Schwarzwasser und Pöhla wird Schwarzenberg als Perle der hiesigen Bergbaustädte genannt. Keimzelle ist die auf einem Felssporn gelegene Altstadt, während sich die 5 Orts- und 10 Stadtteile auf Tal und Berghöhen verteilen. Über einen teils aussichtsreichen Bergrücken geht es ins Tal des Pöhlwassers, ein altes Wintersportgebiet. Pöhla, erstmals um 1400 erwähnt, zählt heute 1 350 Einwohner. Unweit vom Rückweg liegen die alten Brennöfen des ehemaligen Kalkwerkes.
Vom **Bahnhof**, 427 m, südwärts auf der Bahnhofstraße bis zur Straßengabelung, dort links über die Brücke und gleich rechts auf Fußweg neben dem Schwarzwasser weiter. Vorbei an einem EKZ, nach der Bus-Haltestelle erneut über den Fluss, dann links über die Karlsbader Straße zum Beginn der Alten Annaberger Straße. Über die Badwiese, dann nochmals über eine Schwarzwasser-Brücke. Links mit blauer Markierung (FWW E3) bergan und per Rechtskurve weiter hinauf. Nach 10 Min. rechts auf einem Fahrweg hinauf zum Brückenberg, 488 m. Vorbei am **Freitagsgut** nun in Waldnähe weiter. Geradeaus, dann per Linksbogen zu einer Wiesenanhöhe mit Modellflugplatz. Am Waldrand entlang, bei einer Abzweigung geradeaus zur Crandorfer Straße, 25 Min. Auf ihr kurz rechts, dann beim ehemaligen Gast-

hof **Hohes Rad**, 580 m, links ab. Südwärts über aussichtsreiche Wiesen, dann abwärts zum Schäfereiweg. In diesen links einbiegen und steiler nach **Pöhla**, 470 m, hinab. Auf der Bahnhofstraße rechts am Eisenwerk vorbei, dann nach links über die Brücke zur Raschauer Straße (Bus-Haltestelle und Vogelbeerschänke, rund ¼ Std.).
Auf dieser nach links, vorbei am Gasthof Ephraimshaus, am Ortsende rechts auf die August-Bebel-Straße und von den letzten Häusern mit blauer Bezeichnung die Wiesen hinauf bis zu einer Wegteilung, 590 m, ½ Std. Links auf grüner Markierung aussichtsreich hinab zur B 101. Gegenüber geradeaus weiter, über die alte Bahnlinie, dann nach rechts zur Bus-Haltestelle »Mitte« in **Raschau**, 462 m, dort auch das Gasthaus Hirtbrück.
Rechts von der Kirche aufwärts, an Gartenhäusern vorbei, danach halb links auf dem Pfarrweg hinauf bis zum Emmlerweg. Hier links zur Autostraße, auf ihr bis zur Linkskurve und dort rechts durch die Wiesen; links liegt das ehemalige Kalkwerk. Geradeaus durch **Langenberg** erneut zur Autostraße. Auf ihr nach links, über den Schwarzbach zum Gasthof **St. Katharina**. Rechts auf der Grünhainer Straße leicht bergan. Nach 5 Min. links in den Wald. Immer geradeaus gemäß roter EB-Markierung anfangs im Wald, dann aussichtsreich auf dem Grausteig abwärts. Vorbei an der Katholischen Kirche, vor der Mittweida links unter der Bahnbrücke durch, auf der Elterleiner Straße zur B 101. Hier rechts, vorbei am Waschgerätewerk, nach links unter der Brücke durch, dahinter rechts über die Karlsbader Straße und gegenüber auf einem Fußweg weiter, über das Schwarzwasser und zum Bus-Bahnhof.

Kirche St. Georgen und Schloss in Schwarzenberg.

5 Hinauf zur Morgenleithe, 812 m

Aussichtswarte hoch über Schwarzenberg

Antonsthal – Morgenleithe – Jägerhaus – Antonsthal

Ausgangspunkt/Ziel: Bhf. Antonsthal an der Strecke Zwickau – Schwarzenberg – Johanngeorgenstadt; etwas nördlich vom Bhf. außerdem Bus-H. der Linie 334 Schwarzenberg – Johanngeorgenstadt.
Gehzeiten: Antonsthal – Morgenleithe 1¼ Std., dann zum Jägerhaus 1 Std, Abstieg nach Antonsthal 1¼ Std., insgesamt 3½ Std. (rund 13 km).
Höhenunterschied: 300 Hm Aufstieg.
Anforderungen: Hinweg anstrengend, ansonsten schöne Waldwege.
Einkehr: Berggasthaus Morgenleithe und Gh. Jägerhaus.
Sehenswürdigkeiten: Technisches Museum »Silberwäsche« im Halsbachtal (rekonstruierte Erzaufbereitung mittels Pochwäsche).

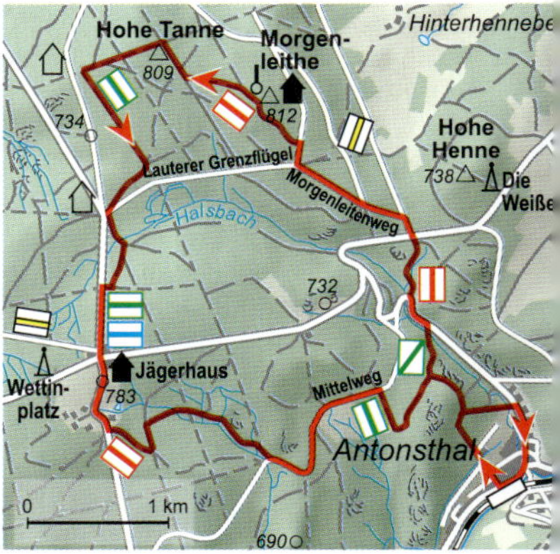

Antonsthal, 520 m, ist ein kleiner von Fichtenwäldern umschlossener Ort in einer Talweitung, die durch die Einmündung des Halsbachs in das Schwarzwasser entstand. Der Name Morgenleithe kommt vom steilen Abfall nach Osten (bzw. Morgen) und der Endung »leithe« für Abhang. Bereits 1833 wurde auf der Morgenleithe ein Kletterbaum errichtet, 1880 dann eine Landesvermessungssäule, und 1922 wurde eine 16 m hohe Aussichtsplattform eingeweiht. Der vollständig von Wald umgebene Gipfel bietet Aussicht tatsächlich auch nur vom Turm.

Neue Balkonbewohner.

Gegenüber vom **Bahnhof** geradeaus auf einem Pflaster-, später Schotterweg unter Kreuzung einer kleinen Asphaltstraße in 5 Min. zum Waldrand hinauf und über eine Brücke weiter aufwärts. Etwas oberhalb rechts auf einem fast ebenen Weg weiter. Dieser Waldweg trifft zunächst auf die von der Jägerhäuser Straße heraufkommende Markierung, weitere 10 Min., führt dann als Naturlehrpfad im **Halsbachtal** weiter einwärts und trifft schließlich auf einen Querweg, wo von oben links der Rückweg einmündet. Dort rechts auf grüner Bezeichnung zum Halsbach und zur Jägerhäuser Straße hinab (Schutzhütte, 20 Min). Auf der Straße links aufwärts und nach 5 Min. in einer Kurve rechts auf den rot markierten EB-Weg. Nach 10 Min. kreuzen wir die Autostraße Jägerhaus – Schwarzenberg, kurz danach links zur Kreuzung mit dem Auerhahnweg. Der Weg erreicht dann die Wegspinne **Hemmberg**, 765 m, ¼ Std. Von dort auf dem FWW E3 zunächst rechts und wenig später links bergan. Durch dichte Nadelwälder erreichen wir den **Gipfel**.

Aussichtsturm Morgenleithe.

Unterhalb vom Gasthaus mit roter und blauer Markierung zu einer weiteren Verzweigung. Von dort auf dem roten EB-Weg durch dichten Tannenwald zur Wegteilung **Hohe Tanne** (809 m, Schutzhütte, ¼ Std.). Dort links und auf teils nicht ganz deutlichem Weg geradeaus bergab. Von links oben kommt ein Forstweg, dem wir abwärts folgen. Oberhalb der sichtbaren **Tränkflügel-Schutzhütte** zweigt links der grün markierte »Alte Jägerhäuser Weg« ab. Auf ihm durch Hochwald zu einer Wegkreuzung, hier rechts zu einer Schutzhütte an der Autostraße Bockau – Jägerhaus. Gleich links wieder von der Straße weg, über den Halsbach, danach rechts auf grün und blau bezeichnetem Waldweg Richtung Süden. Dann trifft der Weg wieder auf die Autostraße, der man in bisheriger Richtung zur Straßenkreuzung beim **Gasthof Jägerhaus**, 793 m, folgt.
Gegenüber auf der Nebenstraße durch Wiesen zu den Häusern von Jägerhaus. Nach einer Linkskurve am Waldrand auf dem rot markierten Weg Richtung Antonsthal und am Schieferbach entlang zum Mittelweg, ½ Std. Von der Wegteilung an der Wasserstelle links in 10 Min. zu einer großen Lichtung mit Schutzhütte und Aussicht (Rabenberg, Fichtelberg, Keilberg)! Wenig später im Wald (leicht zu übersehen) rechts vom Mittelweg ab und hinab zu einem Hochsitz am Hochwaldrand. Dort links auf schmalem Pfad hinab zum grün markierten Hinweg. Auf diesem rechts Richtung Antonsthal bis zu einer Infotafel zu Sträuchern. Hier nicht rechts auf dem Hinweg zurück, sondern geradeaus hinab zur Jägershäuser Straße. Rechts auf der Straße in Kürze zum Silberwäsche-Museum mit Gasthaus, in gleicher Richtung zur Talstraße und neben ihr rechts zum Bhf.

6 Am Fuß des Auersberges

Talsperre des Friedens und die letzten Holzköhlereien

Erlabrunn – Talsperre Sosa – Sosa – Erlabrunn

Ausgangsort/Ziel: Bus-H. »Krankenhaus« in Erlabrunn der Linie 334 Schwarzenberg – Johanngeorgenstadt.
Gehzeiten: Erlabrunn – Talsperre Sosa 1½ Std., weiter nach Sosa ½ Std. (mit Abstecher), zurück nach Erlabrunn 1¾ Std., insgesamt 3¾ Std. (14 km).
Höhenunterschied: Rund 300 Hm.
Anforderung: Überwiegend breite, abschnittsweise auch befestigte Waldwege, angenehme Steigungen.
Einkehr: Oberhalb der Talsperre Sosa und in Sosa.
Sehenswürdigkeiten: Talsperre Sosa, erbaut 1949–52; unweit davon die Holzköhlerei Marggraf auf dem Gelände eines ehemaligen Granitsteinbruchs. Kirche in Sosa.

Bei Erlabrunn und Sosa spielte der Bergbau früher eine bedeutende Rolle. Heute bietet Erlabrunn, eine 1 050 Einwohner zählende Gemeinde im Schwarzwasser-Tal, Naturliebhabern das romantische Steinbachtal mit geologisch interessanten Formationen und den bei Kletterern beliebten Teufelssteinen. Sosa mit 2 300 Einwohnern wird von unendlichen Fichtenwäldern umgeben, in denen man aber auch Buchen, Lärchen und Bergahorn findet. Typisch sind die spitzgiebeligen natur-schiefergedeckten Hausdächer. Die Wanderung führt überwiegend durch dichten Wald, bietet aber bei der Sosa-Talsperre und um Sosa auch schöne Ausblicke.
Von der **Bus-Haltestelle**, 620 m, westwärts zur Straßengabel bei der Kursächsischen Postmeilensäule von 1725, dort links ab und bei der nächsten Gabelung rechts den Milchbachweg hinauf. Der gelb bezeichnete Weg führt dann halb rechts in den Wald. Dann kreuzt ein grün markierter Weg, danach zweigt ein rot bezeichneter Weg zur Roten Grube ab. Geradeaus auf dem

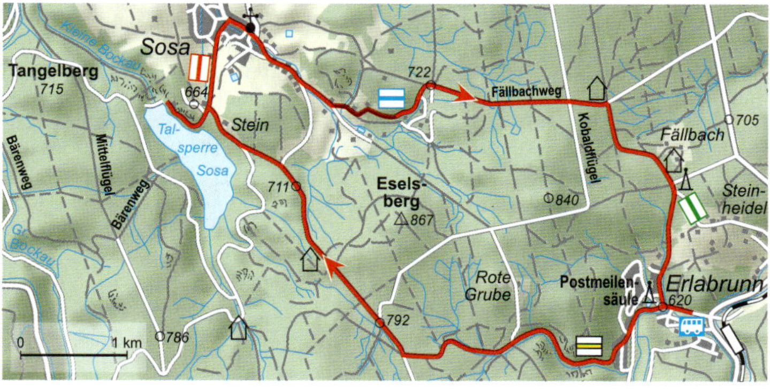

Blick auf Sosa.

Milchbachweg weiter und am **NSG Friedrichheider Hochmoor** entlang, bis wir auf einen asphaltierten Querweg treffen. Auf diesem nach rechts zum Ende des NSG, 792 m, wo der Eselsberger Flügel abgeht, 5 Min. In bisheriger Richtung vorbei an einer Schutzhütte, zur Abzweigung eines Weges zum Oberdorf von Sosa und dann zur Einmündung vom FWW E3. Von dort in Kürze zur **Köhlerei Marggraf** und weiter zu einer großen Lichtung vor einem großen Parkplatz, 5 Min.

Von dort sind zwei Abstecher möglich (hin und zurück je 1 km). Der Weg bergan führt zu einem Aussichtspunkt oberhalb der Talsperre und zum Gasthaus »Zum Meiler« am Hirschkopf, 698 m, der untere zieht in einem Rechtsbogen direkt zur **Talsperre**, 638 m, hinunter und endet vor einer Absperrung mit Blick über den Stausee. Vom Parkplatz geht es auf einem Wiesenweg neben der Autostraße und vorbei an der Bus-Wendeschleife ins Zentrum von **Sosa** hinab, 620 m.

Vom Zentrum bei der Kirche rechts auf der Hauptstraße entlang, bis in einer Linkskurve von dieser geradeaus die Riesenberger Straße mit dem FWW E3 und einer blauen Markierung abzweigt. Stärker bergan, dann bei der folgenden Straßengabel links auf der Rotgrubener Straße weiter. Am oberen Rand einer **Waldsiedlung** links und von ihrem Ende auf dem dort rechts abzweigenden Fällbachweg wieder in den einsamen Wald. Dann erreichen wir die große Kreuzung mit dem **Fällbachkreuz**, 764 m. Geradeaus auf dem blau bezeichneten Weg bis zu einer Schutzhütte, wo der E3 nordwärts abzweigt, 5 Min. Hier rechts (südwärts) weiter (grüne Markierung) zur nächsten Kreuzung mit Schutzhütte. Von dort halb rechts auf dem Asphaltweg weiter bergab. Bei den ersten Häusern von Erlabrunn zweigt links ein schöner Waldweg Richtung Bahnhof ab. Dieser trifft dann wieder auf eine Autostraße, auf der wir links zur Bus-Haltestelle zurückkommen.

7 Kleiner Kranichsee und Auersberg, 1018 m

Einzigartiges Hochmoor und der zweithöchste Berg Sachsens

Johanngeorgenstadt – NSG Kleiner Kranichsee – Sauschwemme – Auersberg – Steinbach – Johanngeorgenstadt

Gasthaus Henneberg beim Naturschutzgebiet Kleiner Kranichsee.

Ausgangspunkt/Ziel: Bus-Haltestelle »Platz des Bergmanns«, u. a. die Stadtlinie 348 (Bahnhof) bzw. Linie 334 (Schwarzenberg).
Gehzeiten: Johanngeorgenstadt – NSG Kleiner Kranichsee 1 Std., weiter zur Sauschwemme 1 Std., Aufstieg zum Auersberg ¾ Std., Abstieg nach Steinbach knapp 1 Std. und zurück nach Johanngeorgenstadt 1 Std.; insgesamt 4¾ Std. (etwa 17 km).
Höhenunterschied: Knapp 400 Hm.
Anforderungen: Überwiegend breite Waldwege, jedoch anstrengend mit mehreren Auf- und Abstiegen und etlichen Bodenwellen, insbesondere steiler Anstieg zum Auersberg.
Einkehr: Gh. Henneberg, Gh. Sauschwemme, Berggasthaus Auersberg sowie die Gaststätten Waldesruh und Steinbach.
Sehenswürdigkeiten: In Johanngeorgenstadt die neugotische Stadtkirche; am Wanderweg die Pferdegöpel, eine rekonstruierte 1993 eröffnete Bergbauanlage, bei der Pferde die sogenannte Göpelspindel drehen, um den Fördervorgang zu ermöglichen (Ausstellung und Schauvorführung).
Kurzvariante: Vom Parkplatz beim Gasthof Sauschwemme und zurück über den Kleinen Stern, 1¾ Std. (6 km).

Johanngeorgenstadt, 1654 gegründet, ehemals eine bedeutende Bergbaustadt, zählt heute 6 200 Einwohner und ist ein Erholungs- und Wintersportort mit der Erzgebirgsschanze und der Kammloipe nach Schöneck im Vogtland. Hier hat der »Schwibbogen« seinen Ursprung, ein Rundbogen, der heute überall das Weihnachtssymbol des Erzgebirges verkörpert. Die ursprüngliche Altstadt (Reste um den Markt herum) musste dem früheren Bergbau weichen und führte zur Errichtung der Mittelstadt und der Neustadt. So findet man die meisten Geschäfte heute an der Eibenstocker Straße, an der auch der Platz des Bergmanns als Ausgangspunkt und Ziel der Tour liegt. Erster Höhepunkt der Wanderung ist das Museum Pferdegöpel und dann das NSG Kleiner Kranichsee. Dieses typische Krummholz-Hochmoor liegt auf dem Erzgebirgskamm in 930 m Höhe. Man findet einen freien Moorkern mit einer Torftiefe bis zu 6 m. Die Vegetation wird von verschiedenen Arten der Krüppelkiefer geprägt. Neben den kriechenden »Kusseln« findet man vereinzelt baumförmige »Spirken«, größtenteils aber strauchförmige Latschenkiefern. Weit verbreitet sind Scheidiges Wollgras und Heidekraut. Der Auersberg ist der zweithöchste Berg Sachsens, sein Gipfelaufbau erhebt sich rund 200 m über der Umgebung. Herrlicher Rundblick, insbesondere nach Norden! Neben dem 18 m hohen Aussichtsturm befinden sich auf dem Gipfel der Berggasthof im Blockhausstil, eine riesige Radaranlage der Deutschen Flugsicherung und etwas unterhalb ein Berggarten.

Vom **Platz des Bergmannes**, 820 m, auf der Schwefelwerkstraße

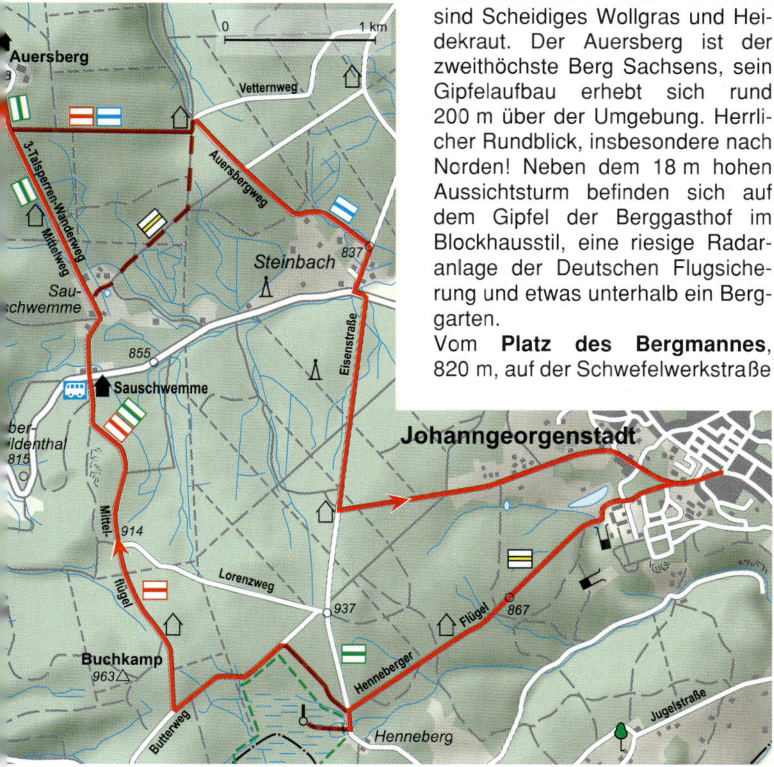

Rekonstuierter Pferdegöpel (große Seilrolle) in Johanngeorgenstadt.

Richtung Eisstadion und Schanzen. Nach 5 Min. zweigt halb links die Auenstraße ab. Dort steht an der Zufahrt zum Parkplatz für das Bergbau-Museum Pferdegöpel das Modell einer Grubenbahn. Auf der Auenstraße (gelbe Markierung) in den Wald bis vor das Gästehaus »Am Erzgebirgskamm«. Dort rechts hinunter und auf Schotterweg weiter. Rechter Hand liegt im Wald versteckt das Freibad. Nach einer S-Kurve über den Schwefelbach. Danach zweigt links zunächst ein Weg zum Eisstadion ab, dann zur Schanzenanlage. Man bleibt auf dem breiten Fahrweg »Henneberger Flügel«, der im Wald in Wellen ansteigt. Am Rand des **NSG Kleiner Kranichsee** treffen wir auf die Eisenstraße. Auf ihr nach links, kurz darauf geht rechts ein schmaler Weg ins Moor, der im letzten Teil als Knüppeldamm angelegt ist und bei einem hölzernen Aussichtsturm endet. Zurück auf der Eisenstraße führt rechts ein kurzer Abstecher zum bereits sichtbaren **Gasthaus Henneberg**, links kommt man wieder zur Kreuzung am Rand vom NSG. Man folgt einem unmarkierten Waldweg, der gegenüber vom »Henneberger Flügel« abzweigt. Nach ca. 5 Min. halten wir uns halb rechts und treffen nach weiteren 5 Min. auf einen breiten Fahrweg, den Butterweg (in umgekehrter Richtung kein Hinweis auf diesen Weg!). Auf dem **Butterweg** nun nach links am Nordrand vom NSG entlang, dann nochmals ansteigend zu einer Wegteilung, 945 m; ½ Std. ab Aussichtspunkt. Hier endet der erste Anstieg. Von der Wegteilung nun rechts auf dem rot bezeichneten Weg weiter. An einer Schutzhütte vorbei zur Einmündung des Lorenzweges, 914 m. Weiter geradeaus, dann merklich abwärts und mittels S-Kurve im Wald weiter. Dann passiert man einen Parkplatz (Ausgangspunkt für die Kurzvariante) und trifft gleich danach auf die Eibenstocker Straße, an der rechts der **Gasthof Sauschwemme** liegt, 860 m; hier auch Bus-Haltestelle. Gegenüber zieht die Autostraße zum Auersberg hinauf. Auf ihr leicht ansteigend zu den Häusern von Sauschwemme. Danach zweigt zunächst links ein rot bezeichneter Weg nach Wildenthal ab, dann rechts ein gelb markierter Weg zum Kleinen Stern (Rückweg der Kurzvariante). Danach können wir den grün bezeichneten Weg neben der Straße benutzen. Nun beginnt ein stärkerer Anstieg. Bald nach einer Schutzhütte werden Radaranlage und Aussichtsturm sichtbar. Rechts mündet der Rückweg ein, dann macht die Autostraße einen Schlenker nach rechts. Hier führt links der Schlangenweg nach Wildenthal hinab (FWW E3), geradeaus geht ein Fußweg durch die Schneise direkt zum Aussichtsturm auf dem **Auersberg**, 1018 m, 40 Min.

Vom Gipfel hinab zur Radarstation, dann auf der Autostraße weiter abwärts zum Berggarten und zurück zur Abzweigung des Direktanstieges zum Aussichtsturm. Gegenüber einer Schutzhütte auf dem Punkt Wellenschaukel, 984 m, zweigt links ein blau bezeichneter breiter Waldweg zum Kleinen Stern ab. In Wellen im Wald bergab. Noch vor Erreichen des **Kleinen Sterns** treffen wir auf einen Querweg. Dieser gelb bezeichnete Weg führt rechts zurück nach Sauschwemme (Kurzvariante), links erreichen wir nach 100 m den Kleinen Stern, 880 m, mit Schutzhütte. Von dort auf dem blau markierten Auersbergweg anfangs leicht bergan zu einer Wegkreuzung, danach hinab zum sichtbaren Waldrand. Dort biegt der Weg links ab, und uns bietet sich ein schöner Tiefblick auf **Steinbach**. Es folgt eine Rechtskurve und bald erreichen wir die Sosaer Straße. Auf ihr rechts hinab nach Steinbach, 820 m, und zur Eibenstocker Straße (rechts Bus-Haltestelle und Gasthof Waldesruh).

Nach links über die Steinbachbrücke, dann gegenüber vom Gasthaus Steinbach auf der Eisenstraße, einem breiten Waldweg, wieder aufwärts. Wir kreuzen die Kupferschneise und kommen zu einer Schutzhütte, später zweigt links der Erzengelweg Richtung Mittelstadt ab. Auf diesem im Wald weiter, bald langsam abwärts zum Waldrand, wo wir die Kammloipe kreuzen. Geradeaus weiter kommt ein Wegabschnitt mit weiter Aussicht (Fichtelberg, Keilberg, Großer Plattenberg und Spitzberg). Am zurückgesetzt liegenden Gasthof »Am Schwefelbach« vorbei zum Hotel und Restaurant »An der Kammloipe«. Durch ein kurzes Waldstück, dann mündet in einer Rechtskurve von links der Erzweg ein und 5 Min. später zweigt rechts die Auenstraße ab, die wir vom Hinweg her kennen. Auf bekanntem Weg zurück zum Platz des Bergmanns.

Blick zum Auersberg-Turm.

8 An den Hängen vom Rabenberg, 913 m

Dichte Fichtenwälder und liebliche Wiesen um Breitenbrunn

Johanngeorgenstadt – Pachthaus – Am Rundsteig – Breitenbrunn – Rabenbergweg – Steigerdorf – Johanngeorgenstadt

Ausgangspunkt/Ziel: Bahnhof Johanngeorgenstadt an der Linie Zwickau – Aue – Johanngeorgenstadt – Karlovy Vary (Karlsbad), ferner Haltestelle der Stadtbuslinie 348 und der Linie 334 von/nach Schwarzenberg.
Gehzeiten: Johanngeorgenstadt – Am Rundsteig 1¼ Std., nach Breitenberg ¾ Std., zurück nach Johanngeorgenstadt 1¾ Std., insgesamt 3¾ Std., (15 km).
Höhenunterschied: Hinweg 230 Hm, Rückweg 180 Hm; gesamt 410 Hm.
Anforderungen: Gute Waldwege, kurze stärkere Anstiege.
Einkehr: Bei Variante in der Ferienwohnanlage »Am Sauberg« mit dem Restaurant »Herkules«, im Steigerdorf Café-Pizzeria.
Sehenswürdigkeiten: In Breitenbrunn die 1559 erbaute Christophoruskirche, ferner die turmartige Ruine eines kurfürstlichen Jagdschlosses aus dem 16. Jh. sowie das Besucherbergwerk St. Christoph.
Kurzvariante: Zurück ab Breitenbrunn mit Buslinie 334 (nur zeitweise) zum Bahnhof von Johanngeorgenstadt, 2 Std. (7,5 km).

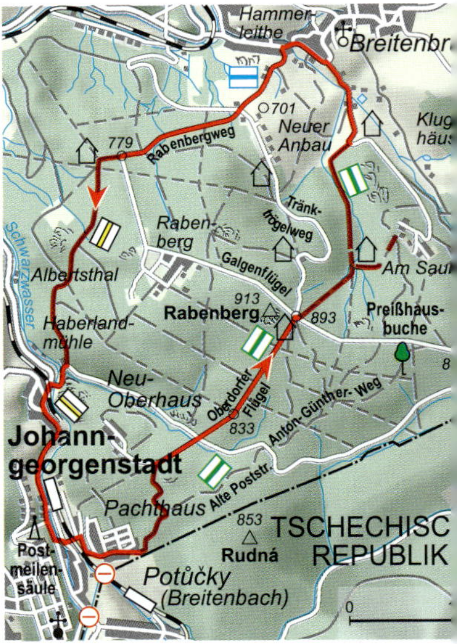

Diese Wanderung führt durch die dichten Fichtenwälder des Rabenberges, 913 m. Breitenbrunn selbst ist ein idyllisch von Wiesen umgebenes Dorf, zählt mit allen Ortsteilen 3 900 Einwohner und hat sich in den letzten Jahren zu einem Bildungs- und Sportzentrum entwickelt.
Vom **Bahnhof Johanngeorgenstadt**, 676 m, südwärts auf der Pachthausstraße neben den Gleisen entlang, dann links per Brücke über das Bahngelände. Nun rechts oberhalb der Bahnstrecke weiter, danach in einem Linksbogen aufwärts. So erreichen wir den Waldrand oberhalb des Stadtteils **Pachthaus**, 740 m, 20 Min. Im Wald ansteigend mit grüner Markierung zu einer Gabelung, 10 Min., hier links auf dem Fahrweg weiter. Kurz danach steht in einer Rechtskurve links eine Hütte. Es folgt eine längere S-Kurve, dann auf dem Oberdörfer Flügel zum Seitenbachweg, 791 m. Nach der Kreuzung weiter bergan durch den Wald. So kommen wir zur Schutzhütte und Wegkreuzung »**Am Rundsteig**«, 893 m.

Von der Kreuzung halb rechts Richtung Ferienwohnanlage »Am Sauberg« abwärts (grün markiert). Nach ¼ Std. kommen wir in einer Linkskurve zu einer Schutzhütte. Hier zweigt rechts der Klughäuser Weg zur Ferienwohnanlage ab. Dort kann man einkehren, hat aber den Nachteil, dass man auf Asphaltfahrweg talauswärts läuft. Gemäß grüner Bezeichnung jedoch nordwärts durch ein wildromantisches Bachtal abwärts. Am Waldrand oberhalb von Breitenbrunn (Aussicht!) wendet sich der Weg nach rechts und trifft bald auf den Asphaltweg, der von der Ferienwohnanlage kommt. Dort links weiter, über einen Bach und hinauf zur Autostraße, die wir in einer Kurve erreichen. Auf ihr links zur Bus-Haltestelle **»Dorfberg«**. Hier ist rechts ein kurzer Abstecher zum Restaurant »Zum Ratsstübl« möglich.
Von der Bus-Haltestelle, ca. 610 m, in bisheriger Richtung weiter, nach 2 Min. links auf der Rabenberger Straße mit blauer Markierung hinauf Richtung Sportschule. Bei den letzten Häusern am Waldrand kreuzen wir einen Querweg. Im Wald aufwärts bis zu einer Linkskurve der Straße, 779 m, nördlich vom **Sport- und Bildungszentrum**; dort geradeaus auf Sandweg in Kürze zu einer Schutzhütte und Wegteilung. Von dort auf dem gelb bezeichneten Weg südwärts. Nach 10 Min. zweigt links ein Weg zum Sport- und Bildungszentrum ab, bald danach nochmals links ein Fahrweg; man geht aber geradeaus abwärts. Nach einer Rechtskurve mündet ein Fahrweg ein, der von Erlabrunn kommt. Geradeaus weiter ins Schwarzwassertal hinab, bis wir auf den Seitenbachweg treffen. Auf diesem nach rechts, mittels Linkskurve über den Seitenbach, dann rechts über das Schwarzwasser zur Autostraße und links zur Bus-Haltestelle **»Steigerdorf«** bzw. Café-Pizzeria, 5 Min. Entweder mit Bus (Linie 334) zurück zum Bahnhof oder auf der Autostraße zu Fuß in 20 Min.

Mini-Bergbahn in Johanngeorgenstadt.

9 In den Wäldern nordwestlich des Fichtelberges

Hoch über dem Pöhlwassertal

Rittersgrün – Dreiberg – NSG Zweibach – Strobelberg – Rittersgrün

Ausgangspunkt/Ziel: Bus-Haltestelle »Schule« der Linie 330 Schwarzenberg – Tellerhäuser im Zentrum von Rittersgrün.
Gehzeiten: Rittersgrün – Dreiberg gut 1¾ Std., ebenso zurück, insgesamt 3½ Std. (nicht ganz 13 km).
Höhenunterschied: Rund 380 Hm.
Anforderungen: Überwiegend breite Fahrwege, teils befestigt, inmitten dichter Wälder, anfangs kurzer, steiler Anstieg.
Einkehr: Unterwegs keine.
Sehenswürdigkeiten: »Sächsisches Schmalspurbahn Museum Rittersgrün«, ein »Muss« für Eisenbahnfreunde.
Kurzvariante: Von der nachfolgend erwähnten Kreuzung, 828 m, auf dem Kunnersbachweg hinab zur Burkertsleithe, dann entlang des Kunnersbachs zum Freibad, weiter wie beschrieben, 2½ Std. (rund 9 km).

Rittersgrün liegt im oberen Pöhlbachtal und ist von dichten Wäldern umgeben. Die zwischen 1889 und 1972 betriebene Schmalspurbahn zwischen Grünstädtel und Rittersgrün war einst von Bedeutung für die Pappenfabriken und Sägemühlen. Der Ort besitzt ein günstiges Klima mit viel Sonnen- und wenig Nebeltagen im Jahr. Wer stille Waldwanderungen genießt, ist hier richtig. Unterwegs bieten sich teilweise schöne Ausblicke zum Auersberg, jedoch nicht zum Fichtelberg.
Von der Bus-Haltestelle, ca. 600 m, nordwärts den Weg »Postberg« zur Kirchstraße hinab, wo sich rechts das **Eisenbahnmuseum** befindet. Anschließend über den Pöhlbach, dann gemäß roter Markierung rechts die Hammerbergstraße aufwärts. Wir kommen nach ¼ Std. zu einer Weggabelung und bleiben dort rechts auf der Hammerbergstraße. 5 Min. später zweigt rechts die Straße »Am Pulverturm« ab, hier geradeaus. Bei den letz-

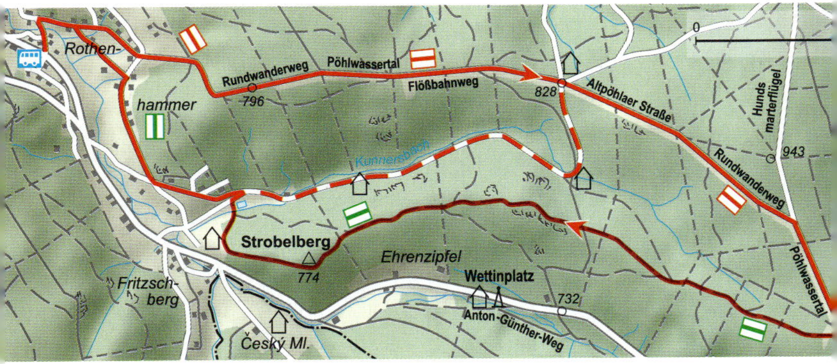

Blick auf Rittersgrün.

ten Häusern am Wiesenrand geht es steiler zum Wald hinauf, wo wir auf einen Querweg treffen. Hier geht rechts der Reitsteig ab, wir nehmen den Fahrweg Richtung Fichtelberg. Bereits hier ist fast die Hälfte des Anstiegs geschafft. Der Fahrweg macht eine Linkskurve, erreicht eine Anhöhe und die Abzweigung eines grün bezeichneten Weges. Immer ostwärts zu einer Wegkreuzung mit Schutzhütte. Rechts zweigt dort der **Kunnersbachweg** ab, der eine Kurzvariante ermöglicht. Weiter auf der **Altpöhlaer Straße** zu einer ersten Anhöhe, nochmals über eine Wegkreuzung, dann zu einer zweiten Anhöhe. Schließlich mündet in einer Rechtskurve von links der gelb bezeichnete **Hundsmarterflügel** ein. Der Weg verläuft über offenes Gelände und bietet eine schöne Sicht Richtung Auersberg, bevor wir die Wegteilung **Dreiberg**, 958 m, mit Schutzhütte erreichen, nochmals 35 Min.
Dort nehmen wir rechts den grün bezeichneten **Kunnersbrunnweg** und erreichen nach 20 Min. eine Wegkreuzung am Rand des NSG Zweibach. Hier folgen wir geradeaus der grünen Markierung auf dem Bergkamm zwischen Kunnersbach und Pöhlwasser durch schönen Mischwald. Nach Verlassen des NSG-Gebietes erreichen wir eine weitere Kreuzung, wo es links nach Ehrenzipfel hinabgeht. Geradeaus auf dem Hahnweg bergab. Dann in mehreren Stufen weiter abwärts und an den Hängen des **Strobelberges** zu einer Schutzhütte am Waldrand. Dort zweigt der Anton-Günther-Weg ab, wir gehen jedoch rechts in 5 Min. zum Freibad. Dort kreuzen wir den Kunnersbachweg. Gegenüber führt der **Badweg** aussichtsreich weiter. Dann nicht links in die Anton-Günther-Straße sondern geradeaus bzw. oben auf der Rothen-Adler-Straße weiter. Nach 20 Min. passieren wir eine Linkskurve, dort nicht rechts ab, und kommen bald danach wieder zur Hammerbergstraße. Auf bekanntem Weg zurück zur Bus-Haltestelle, 35 Min.

10 Rund um Auerbach/Erzgebirge

Viele Aussichtspunkte, Lamas und Feinstrumpfhosen

Auerbach – Jupp's Höh – Zechenquelle – Juchhöh – Försterblick – Auerbach

Ausgangspunkt/Ziel: Bus-Haltestelle Auerbach »Abzweigung Siedlung«, Linien 190 Hormersdorf – Stollberg und 196 (nur Mo – Fr) Thalheim – Geyer.
Gehzeiten: Auerbach – Jupp's Höh ¾ Std., weiter zur Zechenquelle ¾ Std., dann zur Juchhöh gut 1 Std., weiter zum Försterblick ¾ Std., Abstieg nach Auerbach 20 Min., insgesamt 3¾ Std. (15 km).
Höhenunterschied: Anfangs 150 Hm. Anstieg, dann immer leichtes Auf und Ab, zum Schluss steiler Abstieg (120 Hm.).
Anforderungen: Gute Wege, gelbe Markierung.
Einkehr: Gh. Arbeiterheim oder Gh. Am Schwarzen Teich (bei Abstecher).
Sehenswürdigkeiten: Auerbacher Dorfkirche, vermutlich um 1517 errichtet, Lamahof Auerbach mit Reiten für Kinder.

Auerbach liegt am Nordrand des Erzgebirges, zählt 3 200 Einwohner und ist ein lang gestrecktes Straßendorf, dessen unterer Ortsteil, dort Tourbeginn, auf 472 m liegt, der obere aber bereits auf 643 m. Es ist ein Zentrum der deutschen Strumpfindustrie, die Strumpfwirkertradition reicht hier bis in die Anfänge des 19. Jh. zurück. Werksverkauf in der Firma Esda. Die Tour selbst führt auf einsamen Wegen um die Ortschaft zu zahlreichen schönen Aussichtspunkten.

Von der Bus-Haltestelle beim Einkaufsmarkt nordwärts die Gornsdorfer Straße leicht aufwärts, unterhalb der Siedlung durch, dann am Ortsende links den Fußweg Richtung Wald aufwärts. Über eine Kreuzung in bisheriger Richtung zwischen Waldrand und Gartenkolonie weiter. Dann halb links in den Wald ab und weniger steil südwärts weiter. Wir passieren die Abzweigung zur Andreasberg-Schutzhütte, kommen aus dem Wald heraus und erreichen durch Wiesen den Rast- und Aussichtsplatz **Jupp's Höh**, 620 m.

In bisheriger Richtung wieder in den Wald, erst leicht aufwärts zu einer Anhöhe mit Kreuzung, dann mittels Linksbogen leicht abwärts und aus dem Wald heraus. Bald danach erreichen wir den Aussichtspunkt »**Pfarrsteig**«, 10 Min. Auf breitem Feldweg weiter, später etwas links zur von Hormersdorf kommenden Straße. Auf ihr für wenige Minuten links bis zu einer Schutzhüt-

te. Hier auf Wiesenweg rechts ab, der einem alten Eisenbahndamm folgt. Unweit davon liegt auch das Gasthaus Arbeiterheim, während der markierte Weg direkt zum Rastplatz **»Am Bahn'l«**, 616 m, führt, ½ Std. Von hier mittels Abstecher zur Zechenquelle. Auf dem Querweg rechts durch Wiesen und Felder zum Waldrand. Im Wald, noch vor Erreichen der Autostraße Hormersdorf – Thum rechts zum lauschigen Rastplatz **»Zechenquelle«**.
Zurück zum Rastplatz »Am Bahn'l« und durch Busch- und Mischwald weiter. Etwas oberhalb der Häuser von Jahnsbach nach links zur Jahnsbacher Straße. Auf ihr kurz links aufwärts, nach wenigen Minuten jedoch rechts bei alten Silos auf einem Asphaltweg ab, bei der folgenden Kreuzung links und durch Wiesen zum Schluss etwas abwärts zur Autostraße Auerbach – Thum. Auf ihr für wenige Minuten links zu einer Straßenkreuzung. Hier kurz rechts Richtung Gelenau und gleich wieder links auf dem **Kohlweg** ab. Geradeaus Abstecher zum Gasthaus Am Schwarzen Teich möglich. Der Kohlweg dagegen führt durch die Felder aufwärts zu Wasser-Hochbehältern, gleich danach links vom Weg der Aussichts- und Rastplatz **»Juchhöh«**.
In bisheriger Richtung zum Waldrand, über einen Querweg, dann durch Wald zu einer weiteren Gabelung, ¼ Std. Geradeaus im Wald weiter, nicht Richtung Burkhardtsdorf, leicht abwärts, dann kommt von links ein Fahrweg herauf, anschließend folgt eine weitere Gabelung. Hier links hinab zum Aussichts- und Rastplatz **Försterblick**, 573 m, am Waldrand.
Von dort stärker bergab und als Pfad rechts in den Wald. Dort treffen wir auf einen Fahrweg, der weiter abwärts führt und nach einer Linkskurve den Waldrand erreicht. Hier rechts über die Brücke zur Autostraße und zum Startpunkt der Tour.

Auf dem Rundweg um Auerbach.

11 Im Geyerschen Wald

Hormersdorfer Hochmoor und Greifensteine

Geyer – Hochmoor – Hormersdorf – Greifensteine – Geyer

Die Greifensteine, bizarre Granitfelsen.

Ausgangspunkt/Ziel: Bus-Bahnhof in Geyer, Haltestelle diverser Buslinien.
Gehzeiten: Geyer – Hormersdorfer Hochmoor 1½ Std., weiter nach Hormersdorf ½ Std., zu den Greifensteinen 1½ Std., zurück nach Geyer 1¼ Std., insgesamt 4¾ Std. (19 km).
Höhenunterschied: Rund 260 Hm.
Anforderungen: Abwechslungsreiche Wandertour durch ein großes Waldgebiet.
Einkehr: Unterwegs in Hormersdorf, am Greifenbachstauweiher, Berghotel Greifensteine sowie Gasthof Waldblick beim Ana Mare Erlebnisbad.
Sehenswürdigkeiten: In Geyer Jugendstil-Rathaus von 1920, eines der schönsten Sachsens, und die St. Laurentius-Kirche von 1908. Südlich vom Stadtzentrum die 50 m tiefe Pinge von 200 x 250 m, entstanden durch Einsturz des Bergwerks.

Geyer (4 600 Einwohner) wurde Ende des 14. Jahrhunderts als Bergbausiedlung gegründet. Attraktiv in einem der größten Waldgebiete des Erzgebirges gelegen, gewinnt der Fremdenverkehr immer mehr an Bedeutung. Dazu tragen das Erlebnisbad Ana Mare und die Naturbühne Greifensteine bei. Die Wandertour führt zu zahlreichen Naturschönheiten, wie dem Naturschutzgebiet Hormersdorfer Hochmoor – ein einzigartiges Biotop mit seltenen Pflanzen wie dem Sonnentau. Erwähnenswert ist auch der 23 ha große Greifenbachstauweiher – ursprünglich als Wasserspeicher für den Bergbau angelegt und heute touristisch genutzt. Beliebtes Ziel sind auch die Greifensteine, bizarre Erhebungen aus Granit mit Naturtheater, Aussichtspunkt und beliebt bei Kletterern.
Vom Bus-Bahnhof rechts die Ehrenfriedersdorfer Straße hinab und bei ihrer Linkskurve geradeaus auf der Schulstraße hinunter, bis zu einer Querstraße, hier links zum **Altmarkt** von Geyer, 590 m, mit dem großen Rathaus. Diesen verlassen wir nordwestwärts auf der August-Bebel-Straße und biegen dann links in die Zwönitzer Straße ab. Bei der **St.Wolfgang-Kirche** rechts in die Borngasse weiter. An ihrem Ende links die Jahnstraße aufwärts, gleich rechts in die Lange Straße, der wir immer geradeaus folgen und die sich als Zechenweg fortsetzt. Wir erreichen dann das etwas abseits

vom Weg gelegene **Berg-Gasthaus Kapellenstein**. An einer Gartenkolonie vorbei, dann links in den Wald, bei der folgenden Weggabelung gemäß grüner Markierung zum **Drei-Kinder-Schacht**, 10 Min. Es wird erzählt, dass hier ein Maurer drei Mädchen in den 100 m tiefen Schacht der ehemaligen Kupferhütte geworfen haben soll als Racheakt gegen die Mutter, mit der er Streit hatte. Nordwärts weiter zum Waldrand und an diesem entlang. Dann zweigt rechts der Asphaltweg »Am Fuchsschwanz« ab und links die Mehlhornschneise. Geradeaus wieder in den Wald zur Kreuzung mit dem gelb bezeichneten Neuen Weg, 682 m. In bisheriger Richtung mit grüner Markierung weiter. Dann zweigt rechts ein Nebenweg zum Greifenbachstauweiher

ab, der eigene Weg wendet sich aber nach Westen und kreuzt die ebenfalls gelb markierte I-Schneise. Der auch Alte Dorfchemnitzer Straße genannte, grün bezeichnete Weg führt dann durch ein Quellgebiet, kreuzt die H-Schneise und trifft nach Überquerung des **Roten Wassers** auf den blau markierten Buchbergweg. Hier rechts weiter, nach ½ km bei einfacher Bank links auf gelb bezeichneten Waldweg ab. Nordwärts zum Hormersdorfer Moor (Infotafel und Aussichtspunkt, ¼ Std.). Die Läufe dieses Wasserscheidenmoores mit viel Wollgras speisen größtenteils das Rote Wasser im Süden, in geringeren Mengen aber auch den Gornsdorfer Bach im Norden.
Vom Hochmoor zum Wald-Wiesenrand und auf einem Schotterweg bergab, dann vom Wald weg und vor einem Hof rechts zur Oberen Dorfstraße. Diese nach links, wobei gleich rechts der grün bezeichnete Rückweg abzweigt. Wer einkehren will, geht geradeaus bis zur Auerbacher Straße und auf ihr rechts vorbei an der Bus-Haltestelle »Gemeindeverwaltung« in **Hormersdorf** zum Gasthof »Zum Löwen«, 575 m.
Zurück zur Abzweigung von der Oberen Dorfstraße, dort links auf dem asphaltierten Bauernweg hinauf, am Ortsrand auf Querweg rechts, dann links unter den Stromleitungen hindurch und leicht ansteigend Richtung Wald. Der grün bezeichnete Weg führt wieder in den **Geyerschen Wald** hinein, berührt nochmals ein Wiesengelände und trifft dann vor Wochenendhäusern auf den blau markierten **Giftmehlweg**. Auf diesem nach links, an der Einmündung eines gelb bezeichneten Weges vorbei, dann auf einer Asphaltstraße nach rechts bis zu einer Weggabelung unweit der **Jugendherberge** Hormersdorf, eine der schönsten Sachsens. Die volkstümliche Bezeichnung »Gifthütte« geht auf ein Arsenwerk von 1564 zurück, in dem

Hormersdorfer Hochmoor.

von 1880–1918 Dynamit produziert wurde. Dort links, am Campingplatz entlang, vorbei an einer Minigolfanlage und an der Nordseite des **Greifenbachstauweihers** zur Autostraße Geyer – Jahnsbach, 627 m. Von hier ist es ein kurzer Abstecher zur südwärts gelegenen Teichschänke. Auf der gegenüberliegenden Straßenseite folgt nach links ein grün markierter Waldweg zunächst der Autostraße, führt dann aber rechts weg, steigt im Wald an zu einer Gabelung, hier rechts weiter zu einem Asphaltweg und nochmals rechts zum großen Parkplatz und Berghotel **Greifensteine**.

Das Rathaus in Geyer.

Links vom Berghotel führt ein Pflasterweg durch die bizarren Felsformationen, die auch die Naturbühne ausnützt. Auf dem höchsten Felsen befindet sich eine Aussichtsplattform, 732 m. Dann rechts auf dem Albin-Langer-Weg Richtung Stülpnerhöhle. Von diesem zweigt wenig später ein grün bezeichneter Naturlehrpfad ab, der erst süd-, dann ostwärts zur **Stülpnerhöhle** führt. In bisheriger Richtung zu einem Querweg weiter. Hier rechts in Kürze zu einer Schutzhütte. Dann dem bisherigen Weg abwärts folgen zur nächsten Kreuzung mit Schutzhütte, dort rechts ab, bei der kommenden Wegteilung links und bei der nächsten Wegkreuzung links mit gelber Markierung zu einem Schotter-Fahrweg mit Rastplatz hinab. Gemäß gelber Markierung auf den darunter liegenden Weg hinab, dann über den Greifenbach und in einem Linksbogen etwas aufwärts zu einer Wegteilung. Hier links gemäß gelber Bezeichnung zu einer weiteren Kreuzung. Erneut links, dann auf dem breiten **Hirschstangenweg** mittels S-Kurve weiter. So kommen wir zu einer Abzweigung mit Grillplatz. Hier rechts unmarkiert ab und durch den Wald zu einem von links kommenden Fußweg; dort halb rechts zum Waldrand, rechts der Sportplatz mit dem Gasthof Waldblick, links das **Ana Mare Erlebnisbad**. Links hinter dem Bad vorbei, nach der Wasserrutsche rechts auf einem Sandweg zu einem Wiesengelände mit weiter Rundsicht hinauf. Geradeaus hinunter zu einer Wegteilung rechts von den Wohnblöcken, dort geradeaus auf einem Asphaltweg weiter, bis von links der EB-Weg einmündet und wir kurz danach auf die Ehrenfriedersdorfer Straße treffen. Hier rechts in Kürze zum Bus-Bahnhof von Geyer.

12 Vom Sehmatal ins Zschopautal

Prächtige Aussichten auf Geyer und Annaberg-Buchholz

Annaberg-Buchholz – Tannenberg – Dörfel – Annaberg-Buchholz

Ausgangspunkt/Ziel: Annaberg-Buchholz, Busbahnhof.
Gehzeiten: Annaberg-Buchholz – Tannenberg 1¾ Std., weiter nach Dörfel ¾ Std., zurück nach Annaberg-Buchholz 1¾ Std., insgesamt 4¼ Std. (15 km).
Höhenunterschied: 300 Hm, verteilt auf 3 An- und Abstiege.
Anforderungen: Etwas Kondition für die Anstiege. Gut begehbare Wege, Rückweg ab Dörfel auf Nebenstraße.
Einkehr: Unterwegs in der Tannenberg-Ranch und im Ort Tannenberg.
Sehenswürdigkeiten: In Annaberg-Buchholz die St. Annen-Kirche, der Marktplatz mit Rathaus, das Adam-Ries-Museum, der Frohnauer Hammer sowie in Tannenberg der Passklausenturm (12. Jh.).

Die 24 000 Einwohnerstadt Annaberg-Buchholz gehört mit ihrer auf einer Hochfläche über dem Sehmatal gelegenen historischen Altstadt zu den schönsten Städten des Erzgebirges. Schmale Gassen, sehenswerte Bürgerhäuser, eine hübsche Fußgängerzone, zahlreiche Geschäfte und Restaurants laden zu einem Bummel ein. Die Wandertour vom Sehma- ins Zschopautal vermittelt einige sehr schöne Aussichten.
Vom Bus-Bahnhof, ca. 640 m, auf der Wolkensteiner Straße in rund 10 Min. abwärts zum Marktplatz. Dort rechts, am Rathaus vorbei, in die Klosterstraße, und gleich links in die Frohnauer Gasse; auf dieser hinab zum Innen-

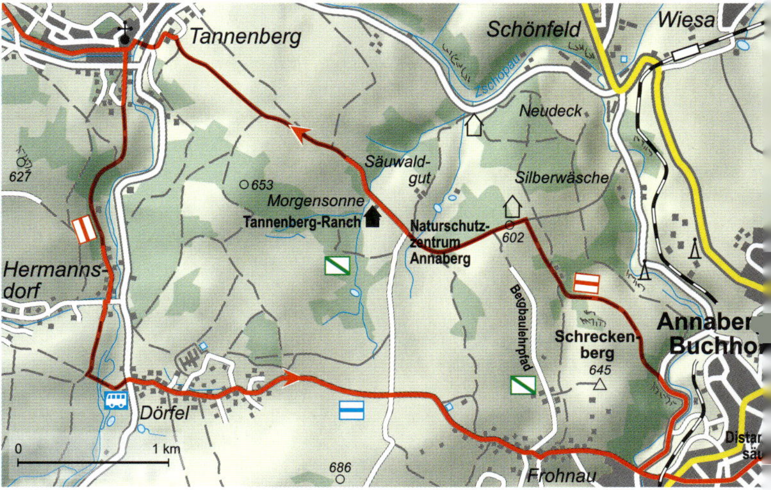

Infotafel beim Naturschutzzentrum.

stadtring. Links gegenüber auf dem **Frohnauer Kirchsteig** abwärts. Wir treffen auf den Gärtnerweg, auf diesem unter der Bahnlinie durch. Nach Überquerung der Sehma, ca. 535 m, treffen wir auf die **Sehmatalstraße**. Neben ihr (rote EB-Markierung) 5 Min. nordwärts (rechts), dann links ab und anfangs steil auf dem **Markus-Röhling-Weg** bergauf. Nach dem letzten Haus im Wald weiter und dann auf Wiesengelände. Wir treffen auf eine Abzweigung mit Rastplatz. Halb rechts in Kürze zum Markus-Röhling-Anwesen (alte Bergschmiede), auf einem Waldweg bergan, dann ebener aus dem Wald heraus zu einer Fahrweg-Kreuzung. Hier links zur Hütte am Waldrand, 602 m. Bald zweigt links der Bergbaulehrpfad ab, wir gehen geradeaus Richtung Naturschutzzentrum. So kommen wir zu einer weiteren Kreuzung. Geradeaus auf Asphaltweg weiter, vorbei am Naturschutzzentrum Annaberg-Buchholz, dann bergan zum Gasthaus **Tannenberg-Ranch**. Von dort auf ebenem Plattenweg weiter. Nach einer Schutzhütte Richtung **Tannenberg** hinab. Beim ersten Haus in einer Rechtskurve führt der rote EB-Weg links direkt zur Talstraße hinab und kürzt den Frohnauer Weg ab.

Gegenüber weiter, dann links auf der Oberen Dorfstraße vorbei am Passklausenturm. Über die nach Geyer führende Straße und auf dem Hermannsdorfer Weg (rote Mark.) weiter. Beim letzten Haus das Wiesengelände hinauf, dann im Wald weiter. Wir treffen auf eine Hofzufahrt und folgen dem Asphaltweg in bisheriger Richtung. Bei der Bus-Haltestelle **Talmühle** erreichen wir die Autostraße nach Hermannsdorf. Kurz nach rechts, dann links auf einen Fahrweg und durch Wiesen weiter. Nach 10 Min. treffen wir auf den blau bezeichneten FWW E3, der uns zurück nach Annaberg-Buchholz bringt. Links hinab zur Zschopau, über diese zur Talstraße bei der Bus-Haltestelle und Abzweigung der Dorfstraße.

Wir folgen dieser bergauf durch **Dörfel**. Am Ortsende haben wir die stärkste Steigung geschafft. Dann kommen wir zu einer Kreuzung, dort in bisheriger Richtung weiter. Nach einer Rechtskurve erreichen wir das Ortsschild von **Frohnau** und gleich danach links eine Ruhebank, ca. 660 m, mit einem prachtvollen Blick auf Annaberg-Buchholz mit dem Pöhlberg. Nun geht es durch Frohnau steil bergab (18%!). Nach 20 Min. Abstieg führt die Hauptstraße rechts weiter herunter, während wir geradeaus der Albertstraße folgen und an ihrem Ende auf die Sehmatalstraße treffen. Dort kurz links, bis rechts der Gärtnerweg abzweigt. Auf bekanntem Weg zurück.

13 Auf den Scheibenberg, 807 m

Weite Aussicht, Orgelpfeifen und Schloss Schlettau

Schlettau – Walthersdorf – Scheibenberg Aussichtsturm – Scheibenberg Ort – Wiesners Teichwirtschaft – Schlettau

Ausgangspunkt/Ziel: Bus-Haltestelle Schlettau Markt, Haltestelle etlicher Linien, u.a. Nr. 415 Annaberg-Buchholz – Schwarzenberg – Aue.
Gehzeiten: Schlettau – Scheibenberg AT 1½ Std., Scheibenberg AT – Scheibenberg Ort ½ Std., Scheibenberg Ort – Wiesners Teichwirtschaft 1 Std., zurück nach Schlettau 1¼ Std., insgesamt 4¼ Std. (etwa 15,5 km).
Höhenunterschied: Rund 260 Hm.
Anforderungen: Überwiegend breite Sandwege, kurze Asphaltstrecken, aber auch Fußsteige, kurzer anstrengender Anstieg zum Scheibenberg-Turm.
Einkehr: Unterwegs im Berghotel Scheibenberg und in Wiesners Teichwirtschaft.
Sehenswürdigkeiten: In Schlettau das bis ins 12. Jh. zurückreichende Schloss, ferner die Stadtkirche St. Ulrich (15. Jh.), eine dreischiffige Hallenkirche mit Kreuzgewölbechor und barockem Turm von 1723, am Scheibenberg das Naturdenkmal »Orgelpfeifen« und in Scheibenberg Ort oberhalb des Marktes die Kirche (16. Jh.) mit einem Schnitzaltar.
Kurzvariante: Von Scheibenberg Ort direkt zurück auf dem Weg »EB« nach Schlettau, insgesamt dann nur 2¾ Std. (rund 10 km).

Schwibbogen auf dem Markt von Scheibenberg.

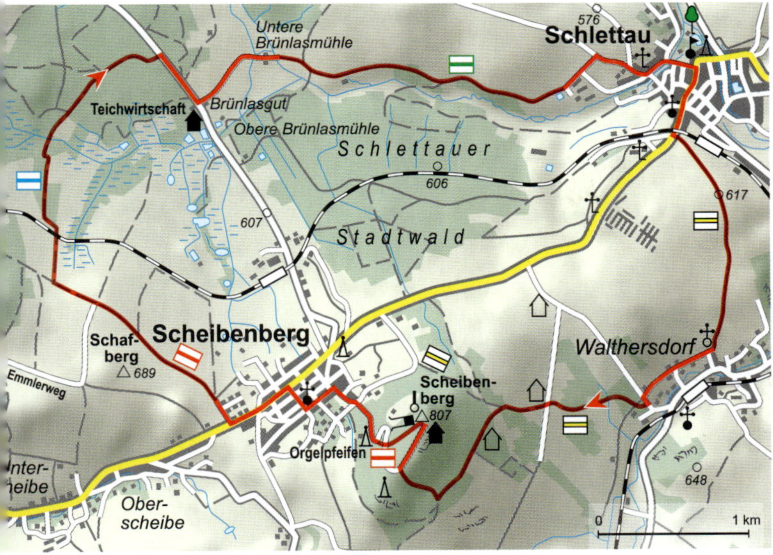

Der 807 m hohe Scheibenberg erhielt seinen Namen durch seine runde Form, die an eine Scheibe erinnert. Er zählt zwar nicht zu den höchsten Bergen des Erzgebirges, bietet aber von seinem 28 m hohen Aussichtsturm, den man über 132 Stufen erklimmen kann, eine weite Rundsicht, u.a. zum Bärenstein, Pöhlberg und Fichtelberg. Am Nordhang des Berges befinden sich die sogenannten Orgelpfeifen, bis zu 40 m hohe eindrucksvolle Basaltsäulen vulkanischen Ursprungs, in der Tertiärzeit entstanden. Der Ort Scheibenberg mit 2 450 Einwohnern erhielt schon 1530 Stadtrechte, erlebte Höhen und Tiefen der einstigen Silbergruben und zeitweise einen lebhaften Handel mit Spitzen. Im Bereich des quadratischen Marktplatzes finden sich zahlreiche schmucke Häuser mit Stuckdecken und Kreuzgewölben. Auch Schlettau blickt auf eine lange Tradition als Bergbaustadt zurück. Am Ende der Tour wartet das Schloss Schlettau auf eine Besichtigung! Als alte Grenz- und Wasserburg geht es auf das 12. Jh. zurück. Der heutige Bau stammt jedoch aus jüngerer Zeit, wurde mehrfach umgebaut und dient jetzt als Veranstaltungsort für Ausstellungen, Konzerte und zünftige Ritteressen. Beliebt sind auch Trauungen im alten Rittersaal. Seit 2001 findet man hier auch das Museum für Wald- und Wildgeschichte sowie im Herrenhaus vom Schloss eine Schauwerkstatt zum alten Posamentengewerbe, eine alte Textiltechnologie zur Herstellung von Borten und Bändern, aber auch mit bunten

Glasperlen bestickte, gehäkelte oder gewebte Taschen. Außerdem hat hier die Verwaltung vom Naturpark Erzgebirge/Vogtland ihren Sitz. Romantisch ist auch der Schlosspark mit alten Linden, Tannen und Teichen.
Vom **Markt** in **Schlettau**, 570 m, ca. 200 m südwärts neben der B 101, dann vor der alten Bahnstrecke links auf dem Kirchsteig ab, unter der Bahnbrücke durch und danach links auf einem Plattenweg leicht bergan. Bald erreichen wir auf einer Anhöhe inmitten von Wiesen und Feldern eine einfache Schutzhütte. Wir folgen der Baumallee, Scheibenberg und Bärenstein werden sichtbar, und kommen zu einer Gabelung beim Friedhof von **Walthersdorf**. Dort rechts weiter, wie bisher auf gelber Markierung, am Rand des Waldhufendorfes auf einem Asphaltweg entlang. Am Ortsende über die Scheibenberger Straße und geradeaus auf dem Güterweg weiter. Von diesem nach 1 Min. rechts ab und auf Fußweg durch schönen Wald leicht aufwärts. Nach links über den Bach, am Wald-/Wiesenrand entlang und in einem Rechtsbogen (links Blick zum Fichtelberg) zu einem Plattenfahrweg mit Schutzhütte, 675 m, 20 Min. ab Friedhof. Den Plattenweg überqueren und weiter zum Waldrand am Fuß des Scheibenberges. Bei einer Weggabelung am Ringweg links weiter auf schönem Waldweg zu einer Schutzhütte mit Fichtelberg-Blick. Geradeaus auf romantischem Waldgrasweg weiter, bis wir auf den »Bergrundgang« treffen, hier links, kurz darauf gemäß Ausschilderung rechts bergauf. Noch vor Erreichen der Autostraße rechts auf dem »Oberen Bergrundgang« weiter. Über Treppenstufen aufwärts zum Ottomar-Zahm-Steig, der von Arbeitslosen 1931–34 mühsam im unwegsamen Basaltblockmeer angelegt wurde. Dann zur Aussichtskanzel Morgensonne mit Blick zum Bärenstein und Fichtelberg, von dort links hinauf zur Autostraße, dann rechts zum Berghotel **Scheibenberg** mit Aussichtsturm.
Vom Gipfel auf rot bezeichnetem Weg zügig bergab, teils mittels Treppen,

Aussicht vom Abhang des Scheibenbergs.

bei einer Sprungschanze über die Autostraße; geradeaus weiter und ein zweites Mal über die Straße, bis wir in einer Linkskurve erneut darauf treffen. Hier zweigt rechts ein grün bezeichneter Fahrweg ab, quert unterhalb der Sprungschanze und erreicht einen großen Rastplatz bei den **Orgelpfeifen**, ¼ Std. ab Gipfel. Zurück zur Scheibenbergstraße und neben ihr auf Fußweg abwärts bis zu einem großen Parkplatz. Danach neben einem Park die Bergstraße geradeaus stärker hinab, nach einer S-Kurve links in die Pfarrstraße, vorbei an der Kirche und rechts hinab zum Markt mit Rathaus von **Scheibenberg**.

Der Scheibenberg-Aussichtsturm.

Von der Bus-Haltestelle an der Silberstraße / B 101 links (westwärts) neben ihr entlang, an der Abzweigung Richtung Crottendorf vorbei, bis gegenüber vom Plus-Markt rechts der Schwarzenbacher Weg abzweigt. Auf ihm in einem Linksbogen durch Wiesen und Felder weiter. Nach einer Kreuzung (links Weg nach Unterscheibe) erreichen wir noch vor dem Waldrand eine weitere Wegteilung, 25 Min. vom Markt in Scheibenberg. Hier rechts Richtung Jägersruh, über die stillgelegte Bahnstrecke, nach ihr kurz links und gleich wieder rechts von der Bahnlinie weg und auf einem Dammweg (ehemalige Bahnstrecke) Richtung Norden. Bei einer Kreuzung mit Rastplatz rechts auf unbezeichneten Fahrweg ab und gleich links durch stillen Wald zur Elterleiner Straße. Neben ihr kurz nach rechts bis zur Bus-Haltestelle **Brünlas**. Unweit davon Wiesners Teichwirtschaft.

Gegenüber der Bus-Haltestelle vor dem Hof links auf Plattenweg ab, nach einer Rechtskurve durch einen zweiten Hof und über die **Rote Pfütze**, einen Quellbach der Zschopau. Danach mündet von links ein grün markierter Weg ein. Geradeaus auf diesem breiten Fahrweg Auf und Ab am oberen Rand vom Tal der Roten Pfütze ostwärts Richtung Schlettau.

Schließlich kurz stärker abwärts und mittels Linkskurve vom Wald weg. Wir treffen dann auf eine Asphalt-Querstraße, die rechts zur Stadt hinabführt. So erreichen wir den Römerplatz. Ohne Schlossbesuch von hier rechts zur Kirche und zur B 101 mit der Bus-Haltestelle am Markt.

Oder halb links auf der Elterleiner Straße bzw. Hermannsdorfer Weg bis zum Parkplatz für das Schloss. Hier rechts durch den Schlosspark zum Schloss und nach Besichtigung durch das Stadtzentrum südwärts vorbei am Rathaus zur Bus-Haltestelle.

14 Bärenstein-Gipfel und Talsperre Cranzahl

Weite Aussichten über das Erzgebirge

Bärenstein Ort – Gipfel – Talsperre Cranzahl – Bärenstein Ort

Ausgangspunkt/Ziel: Bus-Haltestelle Rathaus an der B 95, Linie 411 Annaberg-Buchholz – Oberwiesenthal
Gehzeiten: Bärenstein Ort – Bärenstein Gipfel gut ¾ Std., Abstieg zur Talsperre Cranzahl gut ¾ Std., zurück nach Bärenstein Ort, 1¼ Std., insgesamt 2¾ Std. (rund 10 km).
Höhenunterschied: 250 Hm.
Anforderungen: Kilometermäßig kurz, jedoch zwei teils steile Anstiege.
Einkehr: Auf dem Gipfel.

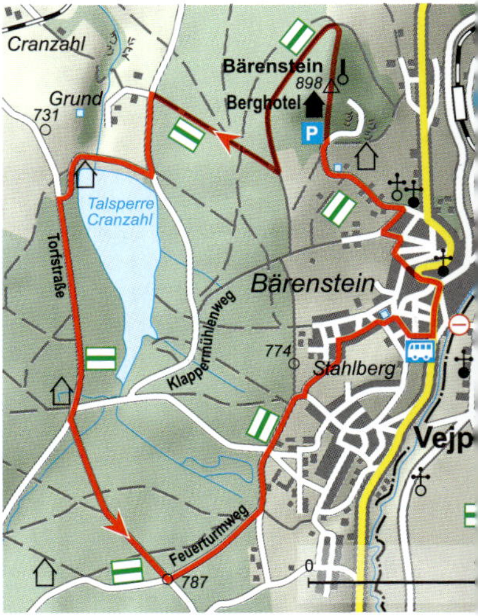

Der Erholungsort am Fuße des gleichnamigen Berges, wurde im 16. Jh. gegründet und wird gern besucht. Von verschiedenen Punkten des Bärenstein-Gipfels wie auch von anderen Höhen um den Ort hat man eine weite Aussicht.

Vom **Rathaus**, 708 m, nordwärts neben der B 95 zum Sächsischen Platz. Danach wendet sich die Straße nach links und steigt an. Aus der folgenden Rechtskurve verlassen wir die B 95 geradeaus auf der »Kurzen Straße« und treffen an deren Ende bei der Feuerwehr auf die Anton-Günther-Straße. Auf dieser 50 m nach rechts, dann gleich links den Fußweg hinauf zur Nestlergasse und durch diese weiter. An ihrem Ende nach links, ca. 100 m der Feldstraße folgen, dann rechts auf einem Fußweg ab. Dieser führt am Gasthaus »Zur zeitigen Wirtschaft« vorbei zur Bergstraße. Auf ihr links aufwärts zum Waldrand mit großem Parkplatz und Schutzhütte. Dort links von der Autostraße ab (Steilaufstieg!). Nach einem Querweg links weiter aufwärts, über Holzstufen in Serpentinen zu zwei Bänken mit schöner Aussicht Richtung Vejprty (Weipert). Nun weniger steil zu einer Gabelung. Hier rechts in Kürze zum Berghotel **Bärenstein** mit Aussichtsturm, 898 m. Wer nicht die 100 Stufen im Aussichtsturm hinaufsteigen möchte, hat vom Rand des Gipfelplateaus weite Aussichten auf Fichtel- und Keilberg sowie auf das Greifensteingebiet.

Vom Gipfel zurück auf dem Aufstiegsweg zur ersten Weggabelung, dort geradeaus zu einem Aussichtspunkt mit schönem Tiefblick auf die Talsperre von Cranzahl. Von dort auf einem Bergweg steiler bergab, wobei wir bald wieder in den Wald eintauchen. Nach 10 Min. treffen wir auf einen grün bezeichneten, breiten Weg und folgen diesem nach links. Nach nochmals 10 Min. kommen wir an einem Wiesenrand zu einer Wegkreuzung, hier rechts gemäß grüner Markierung zur Talsperre hinab. Tiefer im Wald zweigt rechts ein Weg nach Cranzahl und Schlettau ab, wir gehen aber geradeaus und erreichen am Waldrand einen breiten Fahrweg. Auf diesem links (südwärts) zur Talsperre. Dort rechts bei einem FDJ-Denkmal über die Dammkrone zu einem Rastplatz auf der anderen Seite der **Talsperre Cranzahl**, 717 m.

Blick zum Gipfel.

Vom Rastplatz durch den Zaun, danach links zu einer nahen Weggabelung. Dort südwärts auf dem breiten Fahrweg, teilweise schnurgerade und wenig ansteigend. Auf dieser »Torfstraße« zu einer Wegkreuzung mit Schutzhütte, 20 Min. Hier noch kurz geradeaus, dann links auf Schotterweg ab, durch eine Senke, über einen Bach und eine Kreuzung. An einem von rechts oben einmündenden Weg vorbei weiter bergan zur nächsten Kreuzung, 787 m.

Abstiegsweg vom Bärenstein.

Dort links auf dem asphaltierten **Feuerturmweg** bergab. Nach einer Linkskurve treffen wir am Waldrand beim Sportplatz auf eine Querstraße. Auf dieser links weiter. Später führt die Straße mittels Rechtsbogen vom Waldrand weg (dort Abzweigung der Waldstraße). Noch vor dem Ende vom Steinweg rechts die **Gartenstraße** mit Holzwohnhäusern hinab. Nach Kreuzung des Fahrweges »Obere Wälle« an der Schule vorbei, über die nächste Kreuzung und immer geradeaus weiter abwärts. So kommen wir auf der Krötenheerdtstraße vorbei am Marktplatz direkt zur B 95 und rechts zur Bus-Haltestelle.

15 Auf den Fichtelberg, 1215 m

Der höchste Berg Sachsens und Schmalspurbahn-Romantik pur

Oberwiesenthal – Fichtelberg – Unterwiesenthal – Oberwiesenthal

Ausgangspunkt/Ziel: Oberwiesenthal Bahnhof, ferner Haltepunkt diverser Buslinien, u.a. von/nach Annaberg-Buchholz und zum/vom Fichtelberg.
Gehzeiten: Oberwiesenthal – Fichtelberg gut 1 Std., Abstieg nach Unterwiesenthal gut 1¼ Std., zurück nach Oberwiesenthal ½ Std., insgesamt 2¾ Std. (10 km).
Höhenunterschied: Rund 300 Hm.
Anforderungen: Steiler und anstrengender Aufstieg zum Fichtelberg, im Abstieg ein längeres Stück Asphaltweg.
Einkehr: Fichtelberghaus, Gasthof Waldeck oder Jens Weissflog Appartementhotel.
Sehenswürdigkeiten: Die neugotische Martin-Luther-Kirche mit einer Orgel von 1866 (26 Register, 1578 Pfeifen), bunten Bleiglasfenstern und Weihnachtskrippe von 1896 (Dez. – Feb.), auf dem Marktplatz die Post-Distanzsäule aus dem 18. Jh. Die dampflokbetriebene Schmalspur-Fichtelbergbahn, die auf 1897 zurückgeht und auf 17,4 km 240 Hm überwindet.

Oberwiesenthal, 1527 gegründet, mit 914 m die höchstgelegene Stadt Deutschlands, liegt in einer Talmulde zwischen Fichtelberg im Norden und Klínovec (Keilberg) im Süden und gilt mit zahlreichen Schanzenanlagen als sächsisches Wintersportzentrum. Der Fichtelberg ist mit 1214 m Höhe der höchste Berg Sachsens und bequem mit Seilbahn, Sessellift, Bus oder Pkw erreichbar. Das Fichtelberghaus mit Aussichtsturm wurde 1999 neu eröffnet, nachdem der Vorgängerbau bei einem Brand zerstört wurde. Seit 1916 gibt es eine Wetterstation, deren Aufzeichnungen besagen, dass es auf dem Gipfel im Schnitt 290 Schnee- und Nebeltage gibt. Die weite Rundsicht von bis zu 200 km kann man also nur an wenigen Tagen im Jahr genießen!
Vom **Bahnhof Oberwiesenthal**, 892 m westwärts, bis es rechts zur Talstation der Seilbahn geht. Hier links bis zur Karlsbader Straße und auf ihr rechts bis zum Ortsende beim Hotel »Am Fichtelberg«. Hinter dem Hotel gemäß Ausschilderung und gelber Markierung auf Fahrweg rechts bergan. Durch Wiesen unter einem Skilift durch, immer Richtung **Sprungschanzen**. Unterhalb vom Sprungturm kommt von rechts ein weiterer (steilerer) Weg von Oberwiesenthal herauf. Links vor der Sprungschanze weiter aufwärts zum

Ringweg mit der **Eckbauer-Schutzhütte**. Von dort halb rechts im lichten Wald aufwärts zum **Gipfel**.
Vom Gipfel parallel zur Autostraße kurz westwärts, bis rechts ein rot bezeichneter Fahrweg Richtung Zschopautal abzweigt. Dieser führt durch den lichten Wald auf der Nordseite vom Fichtelberg geradeaus abwärts, wobei mehrere Querwege passiert werden. Nach einer Schutzhütte treffen wir schließlich auf einen breiten Fahrweg. Hier rechts bis zu einem asphaltierten Querweg, der Joachimsthaler Straße, auf dieser rechts bis zu einer Schutzhütte. Dort zweigt rechts der Jägersteig ab, während es auf der Straße weiter abwärts geht. Über eine Kreuzung, dann stärker abwärts zur Abzweigung der Vierenstraße, während wir geradeaus bald eine weitere Wegteilung erreichen, 20 Min. Hier befindet sich ein Parkplatz und das **Gasthaus Waldeck**, 980 m. Auf dem Asphaltweg gleich danach vorbei am Jens-Weissflog-Appartement-Hotel, im Besitz des dreifachen Olympiasiegers. In der Folge kommen wir an einem überdachten Rastplatz vorbei, dann nach einer Rechtskurve geradeaus nach **Unterwiesenthal** hinab, wo wir noch vor Erreichen der B 95 auf einen Querweg treffen.
Auf dem grün bezeichneten »**Erlebnispfad Bimmelbahn**« nach rechts, über die B 95 zum Bahnhof von Unterwiesenthal, 847 m. Neben den Gleisen entlang, dann nach links über diese. Auf romantischem Weg unterhalb des Bahndamms parallel zur Grenze. Dann rechts auf Asphaltweg zur Talstraße, wo auch die Bahnstrecke kreuzt. Auf dieser kurz nach links, dann nach dem Gasthof Schwarze Rose auf Fahrweg wieder rechts ab. Vor der Bahnlinie links bis zum Fahrwegende, auf Fußweg durch eine Senke (rechts ein imposantes Eisenbahnviadukt) hinauf zu einer Straße, kurz links, dann auf Fußsteig oberhalb des Sportplatzes zurück zum Bahnhof von Oberwiesenthal.

Oberwiesenthal gegen den Fichtelberg.

16 Von Marienberg nach Wolkenstein

Auf die Drei-Bruder-Höhe und zur Silbertherme im Kurort Warmbad

Marienberg – Drei-Bruder-Höhe – Gehringswalde – Warmbad – Wolkenstein

Ausgangspunkt: Marienberg Markt, dort auch Bus-Haltestelle.
Ziel: Wolkenstein, Bus-Haltestelle Annaberger Straße, Rückfahrt mit Linie 216 nach Marienberg.
Gehzeiten: Marienberg – Drei-Brüder-Höhe 1¼ Std., Abstieg zum Kurort Warmbad gut 1 Std., dann nach Wolkenstein ¾ Std., insgesamt gut 3 Std. (11,5 km).
Höhenunterschied: Rund 150 Hm.
Anforderungen: Unschwierige Wege mit 2 Anstiegen.
Einkehr: Berghotel Drei-Bruder-Höhe, in Gehringswalde, in Warmbad und Wolkenstein etliche Möglichkeiten.
Sehenswürdigkeiten: In Marienberg, siehe Tour 18. In Wolkenstein mit seiner mittelalterlichen Stadtanlage, u.a. das Schloss aus dem 12. Jh. mit Heimatmuseum und die Stadtkirche aus dem 17. Jh.
Variante: Mit Stadtbuslinie C zur Drei-Brüder-Höhe, ab dort nur 1¾ Std. (6 km).

Die Drei-Brüder-Höhe, 688 m, bei Marienberg ist der Hausberg mit weiter Rundsicht (Aussichtsturm). Im Kurort Warmbad lockt die Silbertherme mit 26,5 Grad warmem Thermalwasser, attraktiver Saunalandschaft und Gesundheitsstudio. Wolkenstein, eine mittelalterliche Stadt mit denkmalgeschützten, alten Gebäuden, liegt in ungewöhnlich schöner Lage auf einem Felsmassiv 80 m über dem Zschopautal.

Vom Markt auf der Wolkensteiner Straße zur Poststraße (B 171). Auf dieser rechts, dann gegenüber vor einer Tankstelle links ab. Vorbei am Kaiserteich und an seinem Ende auf einem Fußweg kurz bergauf zum Rand einer Hochhaussiedlung. Zunächst halb rechts, dann links in gerader Linie unter Querung verschiedener Wohnstraßen und mittels Hausdurchgängen zum Waldrand, 20 Min. Auf dem dortigen Fußweg am Waldrand entlang, bei einem Rastplatz am Waldeintritt links. Am Ende einer Wohnstraße dann rechts herum, am Waldrand eine S-Kurve, bevor es geradeaus durch ein weiteres

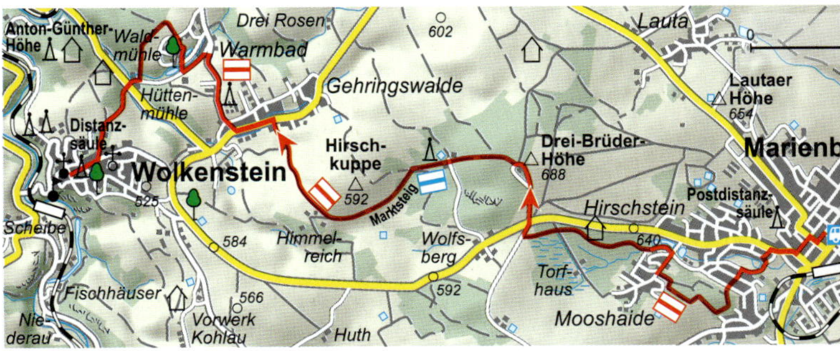

Das Rathaus in Wolkenstein.

Waldstück geht. Vor den Häusern zunächst in einem Rechtsbogen weiter, dann links auf einen Fußweg, der uns zur **Mooshaide** bringt, dort Spielplatz. Rechts auf dieser Straße weiter, dann vor einem Teich links ab. Vor dem **Freibad** halb links, am Freibadende erst rechts, gleich danach links in den Wald. Der Weg macht mehrere Schlangenlinien, kreuzt einen Querweg und führt vom Waldrand rechts zur B 171. Gegenüber hinauf zur **Drei-Brüder-Höhe**, 688 m, mit Berghotel und Aussichtsturm.

Vom Parkplatz links in den Wald (E3), anfangs abwärts unter Kreuzung verschiedener Wege, vorbei an einem Privathaus und durch altes Bergbaugebiet. Nach 20 Min. bei einer Gabelung links zum Waldrand. Hier vor dem Feld links in den Wald. Bald am Wald-/Feldrand entlang zu einer Wanderhütte neben dem **Felber-Stollen-Schacht**. Bis vor ein Einzelhaus, wo wir das »**Himmelreich**«, 560 m, erreichen. Rechts auf rotem EB-Weg hinab nach **Gehringswalde** zur B 101. Auf dieser links, bis rechts die Straße zum Warmbad abzweigt. Auf dem Fußweg daneben vorbei an Koch's Einkehr. Nach Verlassen des Ortes sehen wir links die **Silbertherme**, 470 m; dorthin auf der Zufahrtsstraße, vorbei an der Bus-Haltestelle.

Von dort gemäß roter EB-Markierung rechts hinunter, mittels Brücke über den Kurpark-Teich, dann vor den Treppen nach links, an ihrem Ende erst links, dann rechts und auf der Lindenallee zur Straße »An der Gärtnerei«. Nach ihrer Überquerung geradeaus zum Waldrand mit Wegteilung. Dort links auf der roten EB-Markierung Richtung Wolkenstein und zu einer Schutzhütte am Waldrand mit einer weiteren Wegteilung Dort links hinab, rechts an einem Teich vorbei, an dessen Ende wir den Bäderweg erreichen, hier rechts zur B 101. Gegenüber gemäß roter EB-Bezeichnung zum **Gasthof Waldfrieden**. Hinter dem Haus führt ein Fußweg am Waldrand steiler empor zum ersten Haus von Wolkenstein, dort auf dem Badweg weiter. An seinem Ende rechts auf der Freiberger Straße zur Kreuzung mit der Annaberger Straße (B 171), an dieser auch die Bus-Haltestelle für die Rückfahrt. Geradeaus auf der Marktstraße zum Marktplatz mit Postmeilensäule und in bisheriger Richtung zur Kirche und zum Schlossplatz, 450 m.

17 Vom Kurort Warmbad nach Zschopau

Hoch über der Zschopau zur Burg Scharfenstein und zum Schloss Wildeck

Kurort Warmbad – Scharfenstein – Zschopau

Ausgangspunkt: Kurort Warmbad, Bus-Haltestelle Silbertherme.
Ziel: Zschopau, Busbahnhof, Rückfahrt mit Linie 216 zum Kurort Warmbad.
Gehzeiten: Kurort Warmbad – Scharfenstein 1¾ Std., weiter nach Zschopau 2½ Std., insgesamt 4¼ Std. (15 km).
Höhenunterschied: 210 Hm.
Anforderungen: Gute Wege, überwiegend im Wald, zwei Anstiege.
Einkehr: In allen Orten.
Sehenswürdigkeiten: In Scharfenstein die oberhalb des Ortes gelegene Burg aus dem 13. Jh. mit wappengeschmücktem Renaissanceportal und gotischem Torhaus (Ausstellung zur Geschichte der erzgebirgischen Volkskunst). Zschopau wird überragt vom Schloss Wildeck, einst Jagdschloss der sächsischen Kurfürsten.
Variante: Vom Bahnhof Scharfenstein zum Bahnhof Zschopau 2¼ Std. (7,5 km), Rückfahrt per Zug.

Schloss Wildeck in Zschopau.

Mehrere Aussichtspunkte am oberen Rand des Zschopautals vermitteln schöne Tiefblicke in dieses wildromantische Tal. Die Burg Scharfenstein und das Schloss Wildeck mit einer Ausstellung zur Stadtgeschichte und den Motorenwerken sind weitere Höhepunkte der Tour. Das Wanderziel, die 11 000 Einwohner zählende Kleinstadt Zschopau, wurde 1174 gegründet und lag an der Alten Salzstraße Halle – Prag. Einst wurden hier die meisten Motorräder der Welt produziert, zu DDR-Zeiten entstand dann das MZ-Motorradwerk.

Von der Bus-Haltestelle in **Warmbad**, 470 m, bis vor das Gebäude der Silbertherme, dort gemäß roter EB-Bezeichnung rechts hinunter, auf einer Brücke über den Kurpark-Teich, dann vor den Treppen links, an ihrem Ende erst links, dann rechts und auf der Lindenallee zur Straße »An der Gärtnerei«. Hier verlassen wir den Kurort Warmbad und folgen dem Weg gegenüber zum Waldrand. Bei der dortigen Wegteilung mit der gelben Markierung Richtung Kellerlochfelsen. Bei der gleich folgenden Abzweigung rechts ab. Dann erreichen wir eine Lichtung mit Wiese und treffen auf eine weitere Weggabelung. Wir folgen weiterhin der gelben Markierung Richtung Hopfgarten durch das Waldgebiet »Brand«. Dann kommen wir zu einer Schutzhütte, von der ein kurzer Abstecher zur **Kellerlochkanzel** führt, die eine gute Aussicht ins Tal der Zschopau ermöglicht. Auf kurvenreichem, breitem Fahrweg weiter am Hang des Zschopautales entlang zur nächsten Gabelung. Geradeaus stärker ins Tal hinab und bei den ersten Häusern von **Hopfgarten** links unter der Bahnlinie hindurch; dort ist ein Rastplatz an der Zschopau, 370 m. Parallel zur Bahnstrecke Richtung Norden weiter, bis wir auf einen Asphaltweg treffen, der links von der Talstraße kommt. Auf ihm nach rechts wieder über die Bahnstrecke und danach links auf einem nun rot markierten, ansteigenden Waldweg. Bald folgt ein Stück Fußweg, dann geht es wieder auf breitem Fahrweg im Wald wei-

Die Silbertherme in Warmbad.

ter, schließlich abwärts, aus dem Wald heraus und bei einem Haus vor der Bahnlinie zu einem Nebenbach der Zschopau. An der Holzbrücke über den Bach zweigt rechts der Naturlehrpfad nach Großolbersdorf ab. Wir gehen aber geradeaus ein paar Holzstufen empor und oberhalb der Bahnlinie eben weiter. Links unten fällt der Blick auf Teiche. Dann erreichen wir erneut eine Abzweigung nach Großolbersdorf und kurz danach eine Schutzhütte, wo eine gelbe Markierung abgeht. In bisheriger Richtung weiter. Der Weg steigt kurz an, dann sind links durch die Bäume erste Häuser von Scharfenstein zu erkennen. An der nächsten Weggabelung zweigt nochmals die gelbe Markierung ab, unsere rote dagegen führt geradeaus weiter. Links erneut Aussicht auf einen Teil von Scharfenstein. Dann erreichen wir einen Holzschuppen, 20 Min. Von dort steiler in einem Linksbogen zur von Großolbersdorf kommenden Autostraße hinab, die wir beim Karl Stülpner Stübl erreichen. Nach links weiter bis vor den Bahnübergang knapp südlich vom Bahnhof Scharfenstein, 354 m.
Vor der Bahnlinie rechts am Gasthof Kurhaus vorbei und dann die Hofgasse bergan. Von nun an begleitet uns bis Zschopau die gelbe Markierung. Wir erreichen einen Sattel, von dem die Zufahrt zur **Burg Scharfenstein** abzweigt, und gelangen mittels Rechtskurve auf dem Karl-Stülpner-Weg in den Gänsewinkel, ein Seitental der Zschopau. Von der Weggabelung bei der Wendeschleife gemäß gelber Markierung geradeaus weiter ins Seitenbachtal hinein, dann nach links über den Bach zu einer Wegteilung. Die hier rechts abzweigende grüne Bezeichnung führt nach Großolbersdorf, während wir linker Hand am Hang ansteigen. Dann führt der Weg mit einer Rechtskurve aus dem Nebental heraus. Gleich danach ist linkerhand ein kurzer Abstecher zum Aussichtspunkt »**Hoher Schuss**« möglich. Geradeaus wenig ansteigend im Wald weiter. Dann erreichen wir einen Wiesenein-

schnitt, von dem linker Hand ein weiterer kurzer Abstecher zur **Scharfensteiner Kanzel**, 520 m, führt. Diese Schieferklippe liegt 180 m über dem Talboden und bietet eine reizvolle Aussicht. Der Weiterweg folgt dem Waldrand, biegt dann nach links ab und führt zu einer Schutzhütte, 10 Min. ab Kanzel. Rechts breitet sich die **Pestwiese**, 535 m aus, im Mittelalter ein Friedhof für Pestopfer. Über diese haben wir eine Aussicht bis zum Pilzhübel bei Hohndorf. Dann kommen wir wieder in den Wald und zu einer Wegteilung, wo es links stärker abwärts Richtung **Teufelsnase** geht. Dieser Felsen liegt nach einer Rechtskurve unterhalb des Wanderweges. Danach folgt eine Abzweigung, wo eine rote Markierung links hinab ins Tal führt. Geradeaus jedoch auf gelber Markierung Richtung Zschopau weiter. Dann kommt von links unten der Zschopautal-Radweg hinauf und stößt auf unseren Höhenweg. Bald danach liegt etwas unterhalb des Fahrweges die kaum Aussicht bietende **Zschimmerhöhe**, ½ Std. Auf dem Fahrweg in bisheriger Richtung vorbei an der Ruhebank **»Mosens Ruh«**, kurz danach per Rechtskurve in das Tischautal und bei der folgenden Kurve links hinab, aus dem Wald heraus und zur Talstraße. Auf dieser nordwärts weiter, die Straßenseite wechseln, unter der B 174 durch, anschließend links mittels Fußgängerbrücke über die Gleise des **Zschopauer Bahnhofs**. Am Brückenende rechts hinunter zum Bahnhof und auf der Bahnhofstraße parallel zur Bahnstrecke stadteinwärts. Am Ende der Bahnhofstraße links über die Zschopaubrücke und auf der Langen Straße in einem Rechtsbogen unterhalb vom Schloss Wildeck weiter. Diese macht dann einen Linksbogen und führt dann am links liegenden Altmarkt vorbei zum Rathaus, 340 m, 10 Min. ab Bahnhof. Gegenüber rechts auf der Rudolf-Breitscheid-Straße bis zur links abzweigenden Waldkirchener Straße, an deren Beginn rechts der Busbahnhof von Zschopau liegt, etwas weniger als 10 Min. vom Rathaus.

Blick über die Pestwiese Richtung Pilzhübel.

18 Von Marienberg zum Katzenstein

Reißbrettstadt, Bergbautradition und imposantes Schwarzwassertal

Marienberg – Pobershau – Katzenstein – Rätzens Brettmühle – Marienberg

Blick zur Kirche St. Marien in Marienberg.

Ausgangspunkt/Ziel: Marienberg Markt, dort auch Haltepunkt aller Buslinien.
Gehzeiten: Marienberg – Pobershau 1½ Std., weiter zum Katzenstein ¾ Std., von dort zur Rätzens Brettmühle 1¼ Std., zurück nach Marienberg gut 1½ Std., insgesamt ca. 5 Std., (18,5 km).
Höhenunterschied: Ca. 180 Hm.
Anforderungen: Gute, überwiegend breite Wege, kurzer steiler Anstieg von Pobershau, sonst leichtes Auf und Ab.
Einkehr: Unterwegs in Pobershau, beim Katzenstein, in Rätzens Brettmühle und in Gelobtland.
Sehenswürdigkeiten: In Marienberg der 130 x 130 m große Marktplatz mit dem Bronzestandbild des Stadtgründers Herzog Heinrich des Frommen, das nordseitig gelegene Rathaus aus dem 16. Jh., sowie die Kirche St. Marien, eine der großen Hallenkirchen Sachsens aus dem 16. Jh. mit einer der größten Orgeln des Erzgebirges. In Pobershau das Schaubergwerk »Tiefer Molchner Stolln«.

Ausgangs- und Endpunkt dieser Rundwanderung ist das etwa 12 000 Einwohner zählende Marienberg, dessen symmetrische Stadtanlage als städtebauliche Kostbarkeit gilt. Die Wandertour ist sehr abwechslungsreich und bietet immer wieder neue Ausblicke. Einen absoluter Höhepunkt stellt die Aussichtskanzel Katzenstein dar. Etwa 90 m über dem Schwarzwassertal fällt der Blick hinab zur Schwarzen Pockau und zur Ruine des Schlosses Liebenstein. Das Schwarzwassertal gilt als wildeste Schlucht des Erzgebirges und steht unter besonderem Naturschutz.
Wir verlassen den **Markt von Marienberg**, 600 m, ostwärts auf der Freiberger Straße (B 171), dann gemäß roter EB-Markierung am Ende der Innenstadt rechts durch die Grünanlage weiter. Beim **Roten Turm**, einzig erhaltener der ursprünglich vier Rundtürme an den Ecken der Stadtmauer, biegen wir links in die Straße »Stadtmühle« ab. Diese macht bald eine Rechtskurve und führt über die stillgelegte Bahnstrecke und den Schlettenbach, danach links aufwärts. Bei der folgenden Gabelung auf dem »gelben Rundweg« weiter, immer an den Abhängen des **Galgenberges**, 637 m, entlang. Nach

einer Rechtskurve erreichen wir unweit eines größeren Fabrikgeländes eine Weggabelung, 40 Min. Hier nun links auf dem roten EB-Weg zum Waldrand ab. Rechts fällt der Blick auf die Siedlung »Gebirge«. Nach 10 Min. kommen wir im Wald zu einer Weggabelung mit Rastbank und folgen dort dem rechten Weg hinab. So gelangen wir zu einer Schutzhütte, kreuzen eine grüne Markierung und den Wagenbach. Weiter rot markiert wieder aus dem Waldtal heraus zu den ersten Häusern von Pobershau, wo sich unser Weg als Asphaltstraße fortsetzt. Bald kommen wir an der Gaststätte Waldeck vorbei und folgen der Straße hoch über dem Grund der Roten Pockau. Bevor es stärker hinab geht, haben wir linker Hand einen schönen Blick hinüber zur Kirche. Nach links über die Rote Pockau treffen wir auf die Dorfstraße, ½ Std. Dort befindet sich ein kleiner Platz mit einer nachgebauten Berg-

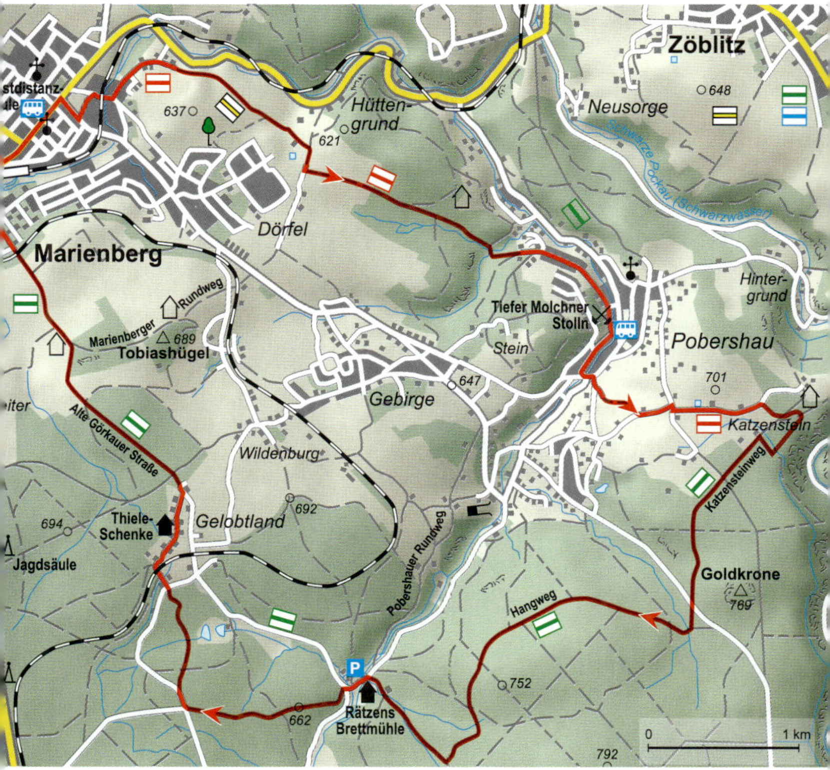

werks-Förderanlage. Rechts auf der Dorfstraße vorbei an einem Kriegsgefallenen-Denkmal, wieder über die Rote Pockau und an einer Bus-Haltestelle vorbei zum **Schaubergwerk Molchner Stollen** mit Gasthaus, 560 m. Kurz danach führt die Dorfstraße mittels Linkskurve erneut über die Rote Pockau. Danach zweigen wir gleich rechts von dieser ab und folgen einem unmarkierten Fahrweg. Bei der folgenden Gabelung halten wir uns links und steigen steil durch die Wiesen oberhalb von Pobershau hinauf. Der Fahrweg mündet in die Bergstraße ein, dort für wenige Minuten nach links zu einer Straßengabel, wo wir wieder auf die rote EB-Markierung treffen, 20 Min. Hier rechts Richtung Katzenstein weiter. Wir passieren die **Bergschänke** und erreichen am Waldrand einen großen Parkplatz. Links daran entlang und über einen Asphaltweg geradeaus in den Wald. Dann zweigt links der Arnoldweg ab; geradeaus gemäß roter Markierung zuerst zu einer Schutzhütte, dann zum dahinter liegenden Aussichtsfelsen **Katzenstein**, 709 m, hoch über dem Tal des Schwarzwassers.
Zurück zur Schutzhütte, dort links bis zum Grünen Graben, an ihm rechts entlang, bis wir unweit vom großen Parkplatz wieder auf den zuvor erwähnten Asphaltweg mit grüner Markierung treffen. Hier links am Waldrand entlang zu einer weiteren Wegkreuzung. Dort geradeaus auf dem Schotterweg

Der Marktplatz mit Rathaus in Marienberg.

»Katzenstein« weiter. Anfangs haben wir rechts nochmals eine schöne Aussicht Richtung Marienberg, dann geht es weiter in den Wald hinein und wir kreuzen eine Asphaltstraße. Geradeaus weiter, dann links über einen Bach und vorbei an einer Schutzhütte. Der Waldweg schlängelt sich nun am Hang entlang, immer ausreichend grün markiert, und wir erreichen eine weitere Schutzhütte. Dort rechts in einem Seitenbachtal hinab zur Autostraße und nach links zum Gasthaus **Rätzens Brettmühle**.

Zschopauer Tor mit Heimatmuseum in Marienberg.

Um nun nicht der Autostraße folgen zu müssen, benutzen wir bei der gleich folgenden Straßen-Rechtskurve den unbezeichneten geradeaus weiter führenden Waldweg. Dieser kreuzt etliche Nebenwege, wir bleiben jedoch immer auf dem Hauptweg und kommen nach 20 Min. zu einem Wald-Parkplatz in einer Linkskurve der Verbindungsstraße B 174 – Gelobtland. Hier rechts weiter und bei der gleich folgenden Linkskurve geradeaus wieder auf unbezeichnetem Weg in den Wald. Wir treffen dann auf einen Asphaltweg, der im Winter als Skiloipe dient und dem wir nordwärts in bisheriger Richtung folgen. Dort, wo die Loipe nach rechts abbiegt, geradeaus zur Verbindungsstraße. Gegenüber Richtung Marienberg weiter, vorbei an einer Bus-Haltestelle und über die stillgelegte Bahnstrecke. Dann erreichen wir die Thiele-Schenke in **Gelobtland**.

Wir treffen dann wieder auf die grüne Markierung, die rechts von der Autostraße kommt, und folgen ihr links durch den Wald. Die **»Alte Görkauer Straße«** kreuzt mehrere Nebenwege, führt dann stärker hinab, aus dem Wald heraus, als Allee weiter zum nächsten Waldrand und an ihm entlang zur Abzweigung des gelb bezeichneten Marienberger Rundweges.

In bisheriger Richtung weiter abwärts, bei einer Wegkreuzung geradeaus erneut über die stillgelegte Bahnstrecke und auf einem Plattenweg durch Gärten. Dann zweigt rechts die Straße »Am Goldkindstein« ab, wir gehen geradeaus weiter, erreichen die B 174 und folgen ihr rechts über die stillgelegte Bahnstrecke und dann auf der Annaberger Straße hinauf zum Markt von Marienberg.

19 Von Großolbersdorf in den Bornwald

Weite Aussichten und stille Waldgebiete

Großolbersdorf – Am Kreuz – Talsperre Neunzehnhain II – Panorama-Parkplatz – Großolbersdorf

Ausgangspunkt/Ziel: Straßengabelung im Ortszentrum; nächste Bus-Haltestellen Grundschule und Postamt (Linie 233 Grießbach – Scharfenstein – Zschopau), bzw. 206 und 207 (Chemnitz – Zschopau – Marienberg – Olbernhau) mit der Haltestelle »Oberer Ortsausgang« an der B 174.
Gehzeiten: Großolbersdorf – Am Kreuz 1 Std., weiter zur Talsperre 1 Std., zum Panorama-Parkplatz 1 Std., zurück ½ Std., insgesamt 3½ Std. (13 km).
Höhenunterschied: 170 Hm.
Anforderungen: Gut begehbare Wege.
Einkehr: Unterwegs Imbiss an der B 174.
Sehenswürdigkeiten: Dorfmuseum in einem Gebäude aus dem 18. Jh., Nummernschildermuseum in der ehemaligen Spielwarenfabrik Heymann, Dorfkirche (älteste Teile um 1400) mit barockem Altar und Kanzel.

Dorfmuseum in Großolbersdorf.

Großolbersdorf liegt in einem Talkessel östlich des Zschopautales. Auf dem Friedhof befindet sich das Grab von Karl Stülpner (1762-1841), der als Abenteurer, Wildschütz und Anwalt der Armen in die Geschichte einging. Die Tour bietet von den Höhen um den Ort einige weite Aussichten und führt dann in den romantischen Bornwald.
Von der Straßengabelung im Zentrum von Großolbersdorf, 480 m, kurz westwärts, dann rechts auf den **Hohndorfer Kirchweg** mit gelber Markierung. Beim Hochhauskomplex halten wir uns links, um nordwärts auf einen Feldweg zu kommen. Oberhalb des letzten Wohnblocks mündet am Wiesenrand ein Fahrweg ein. In bisheriger Richtung zur Abzweigung Richtung Kanzel. Geradeaus auf dem rot bezeichneten Weg bergan und vorbei an Ställen. Durch eine Senke weiter, dann geht links ein Feldweg ab, es folgt ein Rechtsbogen und wir kreuzen einen Fahrweg. Wenig danach zweigt links die rote Markierung nach Hohndorf ab, wir folgen jedoch geradeaus der gelben Bezeichnung. Schließlich erreichen wir die B 174. Gegenüber weiter, am Waldrand entlang, dann in den Bornwald hinein zur großen Wegverzweigung **»Am Kreuz«**, 601 m.
Per Rechtskurve auf gelber Markierung 80 m weiter, dann links auf dem D-Flügel vom Fahrweg ab. Der romantische, nicht markierte Pfad folgt der

Schneise und führt erst leicht, später stärker bergab. Bei einem Hochsitz halten wir uns geradeaus. Nach Überquerung der »Roten Pfütze«, einem Bach, auf dem dortigen Querweg links zum gleich rechts liegenden **Schwarzen Teich**. Am Teichende rechts mit grüner Markierung ab und kurz stärker bergauf. Oberhalb vom Teich 80 m rechts auf einem breiten Grasweg weiter, dann links ab, beim folgenden Hochsitz rechts noch ansteigend zum höchsten Wegpunkt. Danach geradeaus, bis wir auf den E-Flügel mit Fahrweg treffen. Hier kurz links, dann auf der grünen Markierung rechts ab und mittels Kurven in einem kleinen Bachtal im Hochwald hinab zur **Talsperre Neunzehnhain II**, 525 m.

Von der Talsperre rechts auf einem gelb bezeichneten Schotterweg einige Minuten stärker bergan. Oberhalb des Stausees folgen wir ihm nach rechts von der Talsperre weg. Der breite, gelb markierte Waldweg führt durch mehrere Senken und kreuzt verschiedene Querwege. 1½ km nach der Talsperre geht es stärker hinab, und wir erreichen am Waldrand einen Querweg mit Schutzhütte. Gegenüber durch ein kleines Waldstück, dann mittels S-Kurve durch ein Feld und in einem Linksbogen zur B 174. Nach ihrer Überquerung zum **Panorama-Parkplatz** mit Imbiss (grandiose Aussicht).

Vom Parkplatz auf einem Feldweg abwärts Richtung Großolbersdorf. Wir kreuzen verschiedene Querwege und kommen mittels Kurven immer tiefer hinab. Bei einer Halle am Ortsrand halten wir links auf die Häuser zu und treffen auf eine Asphaltstraße. Wir folgen ihr rechts hinab zur Hauptstraße, die wir bei der Bus-Haltestelle Postamt erreichen. Links ins Ortszentrum.

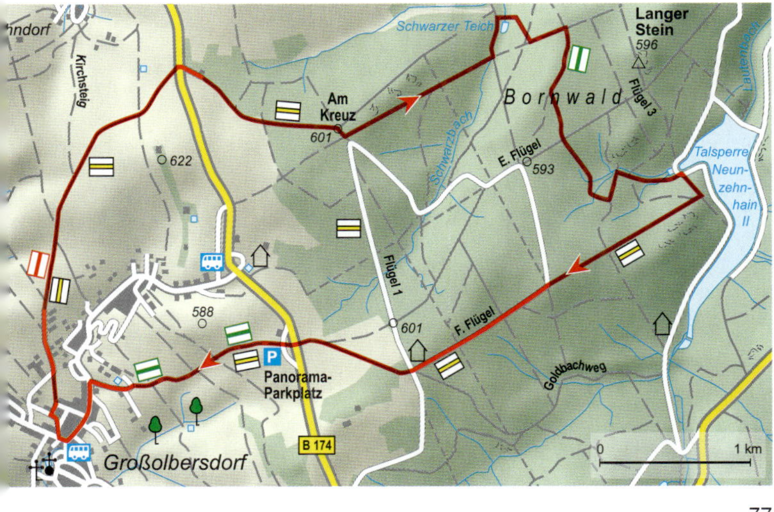

20 Von Ansprung nach Pockau

Morgensternhöhe, Ruine Lauterstein und Brödnerhöhe

Ansprung – Morgensternhöhe – Zöblitz – Nieder-Lauterstein – Lauterbach – Brödnerhöhe – Pockau

Ausgangspunkt: Ansprung, Bus-Haltestelle Goldene Sonne, Linien 206 und 207 Olbernhau – Marienberg – Zschopau – Chemnitz.
Ziel: Pockau, Zentral-Bus-Haltestelle an der Flöhataler Straße, Rückfahrt über Olbernhau (Umstieg) nach Ansprung.
Gehzeiten: Ansprung – Morgensternhöhe ½ Std., Abstieg nach Zöblitz ½ Std., weiter nach Nieder-Lauterstein knapp 1 Std., Aufstieg zur Brödnerhöhe ¾ Std., weiter nach Pockau knapp 1½ Std., insgesamt ca. 4 Std. (15 km).
Höhenunterschied: Rund 200 Hm.
Anforderungen: Gute, abwechslungsreiche Wege oder Pfade, eine kurze Steilstrecke mit 18%!
Einkehr: Unterwegs in Zöblitz.
Sehenswürdigkeiten: Heimatmuseum in Zöblitz mit der letzten Serpentindrechslerwerkstatt; barocke Stadtkirche mit wertvollen Arbeiten aus heimischem Serpentingestein und einer Silbermannorgel, in Lauterbach die Wehrgangskirche, in Pockau technisches Museum Ölmühle.

Diese Wandertour führt über zwei Aussichtspunkte und durch das Tal der Schwarzen Pockau mit der Ruine Lauterstein, die erstmals 1304 urkundlich erwähnt und 1639 in Brand gesteckt wurde. Zöblitz wurde durch den Serpentinstein bekannt, der aufgrund der geringen Härte gut verarbeitet werden konnte.

Die Wehrgangskirche in Lauterbach.

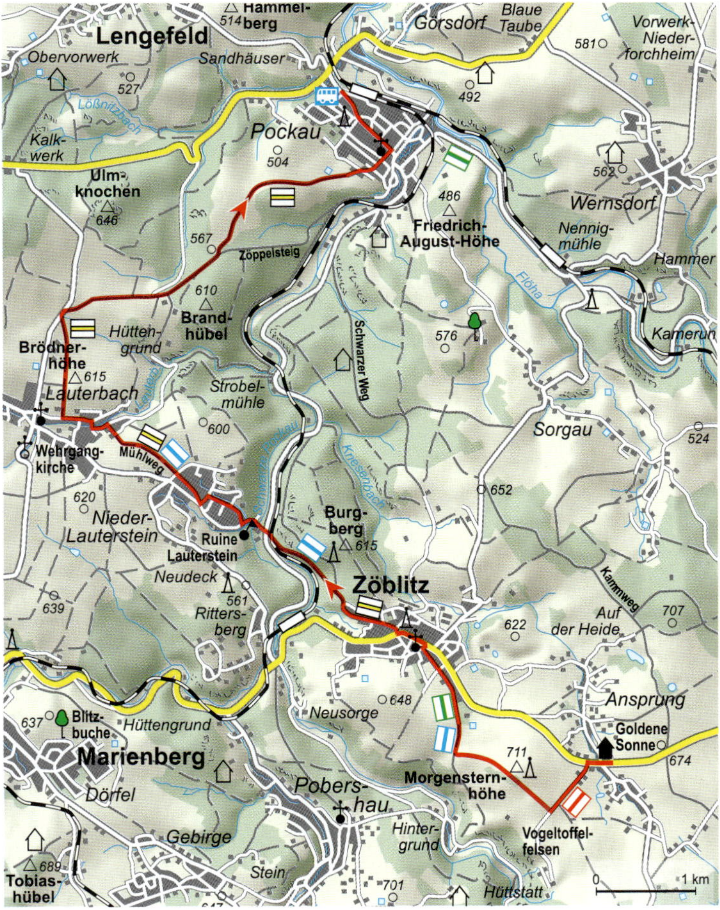

Vom Gasthof Goldene Sonne, ca. 650 m, 80 m auf der B 171 Richtung Zöblitz, dann links auf den Hüttstattweg, rot markiert als FWW EB. Nach 15 Min. treffen wir auf eine Abzweigung und folgen rechts dem FWW E3. Über offenes Gelände bergan zum **Gefallenen-Denkmal** am Rand der Waldkuppe mit weiter Aussicht. Im Wald finden wir einen weiteren Rastplatz, 711 m. Auf der Nordwestseite abwärts, wobei wir im Wiesengelände genau auf die

Blick Richtung Zöblitz.

Markierung achten müssen. So treffen wir nach 10 Min. auf einen Querweg, dem wir nach rechts gemäß blauer und grüner Bezeichnung folgen. An Wochenendhäusern vorbei, dann am Feuerwehrgebäude und am Friedhof. An dessem Ende geradeaus weiter, links ein Sportplatz, bis zur Schützenstraße. Hier rechts zum Markt von **Zöblitz**, 600 m.

Von dort links die Bahnhofstraße entlang (B 171), vorbei am Heimatmuseum, bis rechts die Schlossbergstraße abzweigt. Auf ihr Richtung Niederlauterstein weiter auf dem E3 mit gelber und blauer Markierung. Schließlich links von ihr ab und auf einem Fußsteig hinab ins Tal der Schwarzen Pockau. Wir passieren die stillgelegte Eisenbahnstrecke Pockau – Marienberg und kommen auf nun breiterem Weg zur Talstraße am Waldrand. Rechts neben dieser weiter, bis links die Zufahrt nach Nieder-Lauterstein abzweigt, ca. 485 m, und über die Schwarze Pockau führt. Nach ihrer Überquerung beginnt eine kurze Steilstrecke (18%!), und von der folgenden Linkskurve zweigt ein kurzer Weg zur **Ruine Lauterstein** ab (Abstecher). Weiter aufwärts, dann rechts die Gänsegasse hinauf. Erst an ihrem Ende ist der Aufstieg beendet. Dort links zu einem kleinen Platz im oberen Teil von **Nieder-Lauterstein**, ca. 560 m.

Nun rechts weiter (Schlossberg) und an der Linkskurve der Straße am Ortsrand geradeaus auf Grasweg Richtung Lauterbach. Wir treffen auf einen Querweg und folgen diesem rechts ins Dorf zur dortigen Straße, 20 Min. Auf ihr links weiter, dann rechts durch die Höfe und über Wiesen Richtung **Brödnerhöhe**, 615 m, hinauf. Der Weg verläuft etwas westwärts des höchsten Punktes, zu dem aber ein kurzer Abstecher möglich ist.

Nordwärts in gerader Linie im Wiesengelände hinab zu einer Autostraße, auf ihr kurz rechts. Gegenüber von einem Einzelhaus auf einen Allee-Fahrweg mit gelber Markierung. Zunächst etwas bergan, dann wieder abwärts zu einer Wegteilung, ¼ Std. Hier geradeaus zum Waldrand (dort Abzweigung), in bisheriger Richtung über eine große Kreuzung gemäß grüner und gelber Markierung weiter. Per Linkskurve vom Wald weg und durch Wiesen und Felder weiter. Der Weg macht nun einen Rechtsbogen und **Pockau** kommt immer näher. Durch die Feldstraße hinab zur Flöhatalstraße. Von dort erreichen wir nach links entlang der Flöhatalstraße die Bus-Haltestellen Schröders Gaststätte und Zentral-Bus-Haltestelle. Das Zentrum mit Rathaus erstreckt sich dagegen östlich parallel zur Flöhatalstraße.

Gefallenen-Denkmal auf der Morgensternhöhe.

21 Von Olbernhau nach Rübenau

Unterwegs zwischen Flöha- und Schwarzwassertal

Olbernhau – Rübenau – Rungstocktal – Olbernhau

Ausgangspunkt/Ziel: Busbahnhof Olbernhau am Gessingplatz, unweit davon auch der Bahnhof (Linie von Chemnitz).
Gehzeiten: Olbernhau – Rübenau 2½ Std., ins Rungstocktal 1½ Std., zurück nach Olbernhau 1½ Std., insgesamt 5½ Std. (20 km).
Höhenunterschied: Rund 350 Hm, verteilt auf 2 Haupt-Aufstiegsstrecken.
Anforderungen: Überwiegend bequeme Wege, aufgrund der Weglänge jedoch Ausdauer erforderlich.
Einkehr: In Rübenau.
Variante: Hinfahrt mit Bus (Linie 497), dann 3 Std. Gehzeit (11 km).

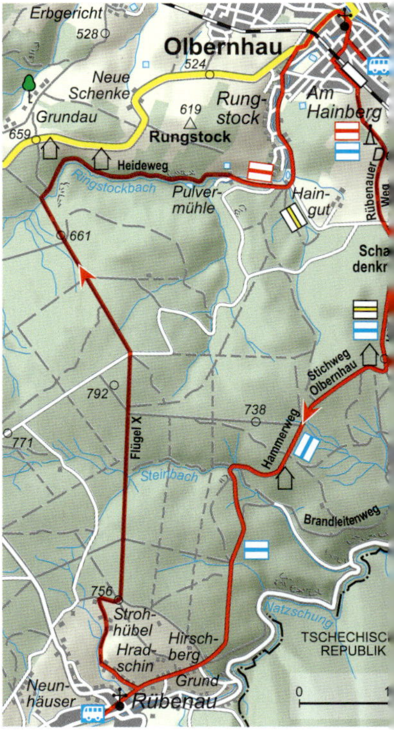

Die Wanderung beschert anfangs schöne Rückblicke auf Olbernhau und die Berge um das Flöhatal und führt dann durch einsame Waldgebiete nach dem von Wiesen umgebenen Rübenau. Romantisch ist der obere Wegabschnitt im Rungstocktal auf dem Rückweg.

Vom Busbahnhof, ca. 460 m, zur Nordwestecke des Gessingplatzes, dort über die August-Bebel-Straße und in bisheriger Richtung weiter. Von rechts kommt die Goethestraße und führt zur Bahnhofstraße. Auf dieser nach links und bei der gleich folgenden Kurve rechts auf den Rübenauer Weg (blaue und rote Markierung). Über die Bahngleise, danach per Linksbogen oberhalb der Bahnstrecke weiter. Am Stadtrand macht der Weg eine Rechtskurve und steigt als Allee-Fahrweg empor. Dann durch ein kleines Waldstück, nach welchem wir einen Rastplatz mit einem Gedenkstein für Anton Günther erreichen. Von dort entlang der Baumreihe in 10 Min. zu einer Kreuzung am Waldrand. Dort folgen wir dem Asphaltweg bergan Richtung Rübenau. Bald nach dem vorläufigen Aufstiegsende macht der Fahrweg eine Linkskurve und erreicht wenig später eine Weggabelung unweit vom Wettinplatz mit Schutzhütte, 710 m. Hier folgen wir rechts dem Hammerweg, der nach einer Linkskurve schnurgerade weiterführt. Nach einer weiteren Linkskurve zweigt rechts der Trompeterflügel ab. Bei einer Rechtskurve erreichen wir eine Schutzhütte an der Abzweigung des Alten Hammerweges. Bald darauf mündet von links der FWW E3 ein. Per Linkskurve über den **Steinbach** und kurvenreich weiter. Dann kommen wir zu einer Lichtung mit Kreuzung. Von dort nun abwärts, wobei mehrere Senken zu durchqueren sind. Nach einer Rechtskurve kommen wir bald zum Waldrand und erreichen beim ersten Haus eine Kreuzung, wo der FWW E3 rechts abzweigt. Aus der Senke heraus, dann geht rechts der Hradschinweg ab. Geradeaus zur Kirche, dort links auf der Zöblitzer Straße abwärts zum **Dorfplatz**, 680 m, mit dem Gasthof Weißer Hirsch und Bus-Haltestelle.

Weihnachtsstimmung auf dem Markt in Olbernhau.

Vom Dorfplatz zurück bis zur Abzweigung **Hradschinweg**. Dieser bringt uns durch Wiesen aufwärts, an einer Felsformation vorbei und trifft am Waldrand auf die Rübenauer Waldstraße, der wir ca. 200 m nach rechts folgen. Am Strohhübel, 756 m, nehmen wir den links abzweigenden Schotterweg. Dieser führt gerade durch den Hochwald, kreuzt den »A-Flügel« und erreicht dann den Steinbach, nach dessen Überquerung rechts der Steinbachweg abgeht. Weiter zu einer Schutzhütte an der Kreuzung mit dem »Trompeterflügel«. In bisheriger Richtung zur Kreuzung mit dem »L-Flügel/Königsweg«, ca. 760 m. Nordwestwärts weiter auf dem **Zehnerflügel**, der unter Kreuzung mehrerer Wege abwärts ins **Rungstocktal** führt. Nach der Bachüberquerung treffen wir auf einen Querweg mit roter EB-Markierung.
Hier nach rechts zur nächsten Gabelung, dort geradeaus immer idyllisch neben dem Bach weiter. Nach ½ Std. rechts über den Bach und an einem **Rückstaubecken** vorbei. Von der Dammkrone auf breiterem Weg weiter, oberhalb der Pulvermühle entlang, dann zum Wander-Parkplatz Rungstocktal. Weiter auf der Rungstockstraße, die bald eine Linkskurve macht. Auf ihr abwärts, dann rechts auf der Hammergasse hinab. Dort wo die Hammergasse nach links umbiegt, auf dem Fußweg Richtung Bahnlinie, unter ihr durch, per Rechtskurve in den Stadtpark, dann links ab und mittels Durchgang zum Markt von Olbernhau. Dort rechts, auf der Albertstraße zum Gessingplatz und über diesen zum Busbahnhof.

22 Von Olbernhau in das Tal vom Bielabach

Unterwegs im Osten von Olbernhau

Olbernhau – Schönfeld – Dittmannsdorf – Heidersdorf – Olbernhau

Ausgangspunkt/Ziel: Busbahnhof Olbernhau am Gessingplatz, unweit davon auch der Bahnhof (Linie von Chemnitz).
Gehzeiten: Olbernhau – Schönfeld 1¼ Std., weiter nach Dittmannsdorf ¾ Std., Aufstieg nach Heidersdorf gut 1 Std., zurück nach Olbernhau gut 1 Std., insgesamt 4 Std. (15 km).
Höhenunterschied: Rund 200 Hm.
Anforderungen: Von kurzen Strecken abgesehen gut begehbare Wege.
Einkehr: Unterwegs in Dittmannsdorf.
Sehenswürdigkeiten: In Olbernhau das Museum im Haus der Heimat sowie das Konzert- und Ballhaus Tivoli im Jugendstil von 1906, in Pfaffroda Schloss aus dem 13./14. Jh. mit achteckigem Turm (1578) und Sonnenuhr, ferner die Kirche St. Georg mit bemalter Kassettendecke und Silbermann-Orgel von 1715.
Variante: Rückfahrt mit Bus ab Dittmannsdorf, dann nur 2 Std. (7,5 km)

Die Höhen um Olbernhau, einer lang gestreckten alten Bergbaustadt mit über 11 000 Einwohnern im Tal der Flöha bieten unterschiedliche Stadtansichten, bei dieser Tour von der Kretschmarhöhe. Neben dem romantischen Bielabachtal genießt man außerdem vom Höhenzug bei Heidersdorf einen weiten Ausblick Richtung Schwartenberg.
Vom Busbahnhof am **Gessingplatz**, ca. 460 m, zur August-Bebel-Straße an der Nordwestseite des Platzes, auf dieser nach rechts, vorbei am Rathaus, dann über die Flöha, anschließend links weiter in den Anfang der Straße »Gerberga«. Von dort rechts hinauf in die »Schäfereistraße« und nach

Blick auf Schönfeld.

dem Gasthaus zum Berghof rechts den Fußweg hinauf. Weiter oberhalb trifft man erneut auf die »Schäfereistraße« und folgt ihr nach rechts bis zur Einmündung in die Saydaer Straße. Links gemäß grüner Markierung auf der Saydaer Straße aufwärts. Nach Kleingärten folgt links ein Wiesenstück mit einer Ruhebank. Gleich danach können wir links einen kurzen Abstecher zur Terrasse der **Kretschmarhöhe** machen. Auf der Saydaer Straße am Waldrand weiter. Diese macht bald einen Rechtsbogen; links beginnt ein Wiesengelände, an dessen Ende der Tellweg abzweigt und ein Autofahrverbot beginnt. Geradeaus auf der wenig befahrenen Saydaer Straße in den Wald bis zum Rastplatz »**An der kleinen Linde**«, 587 m, mit Schutzhütte. Dort von

der Saydaer Straße rechts auf einen Waldweg. Nach einer kleinen Rechtskurve mündet von rechts ein anderer Weg ein, anschließend folgt ein Linksbogen, und wir erreichen ein Wiesenstück. Hier geht es über einen kleinen Bach, dann per Rechtsbogen wieder in den Wald. Nach dessen Durchquerung geht es durch ein Wiesengelände und wir halten auf eine Baumgruppe mit Schutzhütte zu. Hier kreuzen wir einen grün bezeichneten Weg und treffen hinter der Baumgruppe auf eine zweite Kreuzung. Hier links auf einen Hof zu. Vom Gehöft hinunter bis zu einer Straßenkehre, weiter rechts durch die »Kleine Gasse« zu einer Straße unweit des Feuerlöschteichs im Dorf **Schönfeld**, 580 m.
Auf der Straße nach links, dann unter einer Straßenbrücke durch. Dort wo der Asphaltweg nach links biegt, geradeaus auf Fußweg unter der B 171 durch. Nach ihrer Unterquerung auf Straße in bisheriger Richtung weiter und über den Bielabach. Der Weg macht eine Linkskurve, wir zweigen aber vor einem Holzschuppen nach rechts ab und steigen zu einem Querweg »An der Allee« hinauf. Hier ist nach links ein kurzer Abstecher zum Schloss Pfaffroda möglich. Nach rechts führt der asphaltierte Alleenweg Richtung Dittmannsdorf, wobei wir anfangs einen schönen Rückblick auf Schönfeld haben. Im angeregten Auf und Ab, vorbei an etlichen Einzelhöfen, kommen wir auf dem grün bezeichneten Weg zu einer Gabelung. Dort rechts über den Kunstgraben, bald mittels Rechtskurve über den Bielabach und bergan, wo der Nebenweg »An der Biela« beim **Gasthof Dittmannsdorf** in die B 171/Dresdner Straße einmündet.
Weiter nach links auf Fußweg neben der B 171, vorbei an der Bus-Haltestelle »Gasthaus« (Rückfahrt nach Olbernhau möglich), wenig später am Windmühlenhof vorbei (Einkehrmöglichkeit); links liegt der **Dittmannsdorfer Teich,** 572 m, 1824-26 erbaut, heute ein Reservespeicher für die Trinkwasserversorgung. In der folgenden Linkskurve zweigt rechts ein Schotterweg ab (Schild Heidersdorf 2 km). Dieser steigt zu einem Waldstück an (Rastplatz), das auf der linken Seite durchquert wird. Danach haben wir ein welliges Wiesen- und Feldgelände vor uns, an dem rechts etliche Windkraftanlagen stehen. Wir folgen dem Grasweg immer entlang eines Zaunes. Dieser macht zum Schluss einen Rechtsbogen und trifft in einer Senke auf einen anderen von Dittmannsdorf heraufkommenden Weg. Hier links weiter und zum letzten Windrad hinauf neben dem linken von zwei Waldstücken. Weiter am Waldrand entlang, dann wechseln wir zum rechten Waldstück und biegen auf dem dortigen Querweg links ab. Dieser Weg führt nun über aussichtsreiches Gelände direkt zu den Häusern von Heidersdorf, 640 m. Beim ersten Hof links auf einem Nebenweg zur Dorfstraße, auf ihr rechts weiter. Diese macht gleich eine Linkskurve, und wir treffen auf die Abzweigung einer roten Markierung. Ins Zentrum von **Heidersdorf** gelangt man geradeaus auf der Dorfstraße.
Auf dem rot bezeichneten Fahrweg leicht ansteigend aus dem Dorf hinaus.

Der romantische Bielabach.

Nach 5 Min. bei der Weggabelung links. In der bald folgenden Rechtskurve des Weges haben wir eine fantastische Aussicht Richtung Schwartenberg und Seiffen. In der Folge macht der Weg einen Linksbogen und führt erneut an Windkrafträdern vorbei. Wir erreichen einen Querweg, hier links Richtung Behälter, dort bei der nächsten Gabelung gleich wieder rechts weiter. Vorbei an zwei Einzelhäusern geht es in den Wald hinab, wo wir auf eine Kreuzung treffen. Hier in bisheriger Richtung weiter bis zur nächsten großen **Wegkreuzung »Hand«**, mit Schutzhütte. Nun folgen wir der gelben Bezeichnung, wobei verschiedene Nebenwege gekreuzt werden und wir am Südrand des Naturschutzgebietes Bärenbachtal entlang kommen. Schließlich folgen wir dem Waldrand, vorbei an Wochenendhäusern und einer Gartenkolonie weiter abwärts. Wir kommen zu einer Kreuzung bei einer Trinkwasseraufbereitungsanlage. Vorbei an einem Teich geht es vor Wohnblöcken zur Vereinigung mit dem Weg aus dem Bärenbachtal. Dann folgen wir der »Jahnstraße«, bis diese in die »Saydaer Straße« einmündet. An dieser links hinab, bis wir an ihrem Ende bei der Brücke über die Flöha wieder auf die »August-Bebel-Straße« treffen. Vorbei am Rathaus auf bekanntem Weg zurück zum Busbahnhof.

23 Hoch über dem Tal der Natzschung

Einzigartiges Freiluftmuseum Saigerhütte direkt an der Grenze

Grünthal – Stößerfelsen – Wettinplatz – Grünthal

Ausgangspunkt/Ziel: Grünthal, Bus-Haltestelle Kulturhalle, u. a. Linie 453 Olbernhau Busbahnhof – Seiffen und zurück.
Gehzeiten: Grünthal – Stößerfelsen gut 1 Std., weiter zum Wettinplatz gut ¾ Std., zurück nach Grünthal 1½ Std., insgesamt 3¼ – 3½ Std. (rund 13 km).
Höhenunterschied: 260 Hm.
Anforderungen: Überwiegend leichte Waldwege und angenehme Steigungen.
Einkehr: In Grünthal und auf dem Grenzmarkt von Brandov (Brandau).
Sehenswürdigkeiten: Saigerhütte (1537 gegründet) mit über 20 Gebäuden, teils im Fachwerkstil. Im Saigerverfahren wurde hier reines Kupfer gewonnen. Technisches Museum Kupferhammer mit funktionsfähiger alter Hammeranlage.

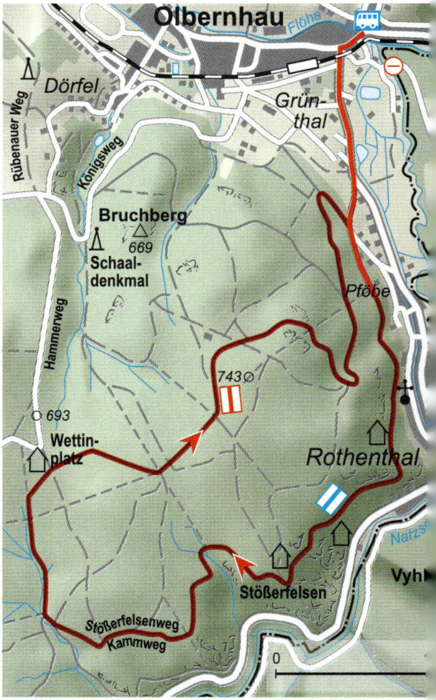

Grünthal, 467 m, ist ein Stadtteil von Olbernhau und profitiert neben dem zuvor erwähnten Museum heute durch den Grenzübergang direkt am Komplex der Saigerhütte. Markt und Restaurants auf der tschechischen Seite sind sehr beliebt. Die Wanderung führt auf dem Hinweg hoch über dem Tal der Natzschung, einem Nebenfluss der Flöha, die in Böhmen ihre Quelle hat und ab Rübenau die Grenze mit Tschechien bildet, auf dem Rückweg durch das einsame Waldgebiet Katzenheide.

Von der Bus-Haltestelle über die Flöha-Brücke, bis links die Straße »An der Natzschung« abzweigt. An ihr liegt links das Technische Museum Kupferhammer, dahinter geht es links zum nahen Grenzübergang, rechts durch ein Tor auf das Gelände der ehemaligen **Saigerhütte** mit ansprechend sanierten Häusern und Hotel. Durch das Rothenthaler Tor verlassen wir das Hüttengelände und gelangen auf die nach Rübenau führende Rothenthaler Straße. Auf ihr nach links weiter (mit EB und E3 bezeichneter Rad- und Fußweg) und später an einem links liegenden Teich vorbei. Es folgt eine Linkskurve, wo die blaue E3-Markierung rechts abzweigt und auf dem Sedanweg

zum Waldrand hinaufführt. Oberhalb der letzten Häuser trifft man auf eine Weggabelung mit der Schutzhütte »**Rothenthal-Pföbe**«. Von dort folgen wir geradeaus dem Schotterweg E3, der bald in den Wald hineinführt.
Über einen Seitenbach, vorbei an einer kleinen Schutzhütte zu einer Kreuzung. Hier weiter Richtung Stößerfelsen, durch teils felsiges Waldgebiet, über einen weiteren Seitenbach und an der Abzweigung vom Erikaweg vorbei zur großen Schutzhütte oberhalb vom **Stößerfelsen**, 683 m. Die Felsklippe liegt links unterhalb des Wanderweges und bietet einen schönen Blick über das etwa 140 m tiefer liegende Tal der Natzschung.
Wir folgen weiterhin dem kurvenreichen Stößerfelsenweg im Wald. Schließlich führt dieser nach rechts in das Tal des Kleinen Steinbachs zu einer Weggabelung. Der E3 führt hier links über den Bach, wir folgen dagegen geradeaus dem »**Prinzenweg**«, der ansteigt, dann nach rechts aus dem Tal herausführt zum **Wettinplatz**, einer Lichtung mit Schutzhütte, 710 m.
Von dort geradeaus auf dem »**Roten Hirschweg**« weiter. Dieser macht anfangs noch leicht ansteigend erst eine Rechtskurve, bald danach eine Linkskurve und führt dann geradeaus zu einer Lichtung mit Wegkreuzung. Hier zweigt rechts der Erikaweg ab. Unser Schotterweg dagegen biegt am Ende der Lichtung links ab und führt in einem Rechtsbogen unterhalb einer Waldkuppe weiter. Kurvenreich weiter und allmählich abwärts kommen wir zu einer Abzweigung. Dort geht es rechts zum Sophienstein, unser Weg macht jedoch eine scharfe Linkskurve und führt unterhalb am Berghang zurück. Dann passieren wir die Abzweigung vom Bruchbergweg und kommen zu einem Querweg. Hier rechts in 5 Min. zur Schutzhütte Rothenthal-Pföbe und auf bekanntem Weg in weiteren 20 Min. zurück zum Ausgangspunkt.

Auf dem Gelände der alten Saigerhütte.

24 Im Banne der Silberstraße

Größte Hallenkirche im Landkreis Freiberg und romantischer Mortelgrund

Sayda – Mortelgrund – Neuhausen – Schwemmteiche – Sayda

Ausgangspunkt/Ziel: Sayda Markt, Bus-H. diverser Linien (u. a. Linie 737 Freiberg – Sayda – Neuhausen – Seiffen – Deutscheinsiedel, Linie 738 Bienenmühle – Sayda – Mulda und Linie 364 Dresden – Dippoldiswalde – Bienenmühle – Sayda – Olbernhau).
Gehzeiten: Sayda – Mortelgrund 1¼ Std., Mortelgrund – Neuhausen 1¼ Std., weiter zu den Schwemmteichen ¾ Std., zurück nach Sayda gut ¾ Std., insgesamt gut 4 Std. (15,5 km).
Höhenunterschied: Rund 150 Hm.
Anforderungen: Leichte Wege.
Einkehr: Im Mortelgrund (Zur Rast, nur Sa und So) und auf dem Rückweg im Altsächsischen Gh. »Kleines Vorwerk«.
Sehenswürdigkeiten: Unweit vom Markt steht in Sayda die Stadtkirche »Zu unserer lieben Frau«, 1391 erbaut und die größte spätgotische Hallenkirche des Kreises Freiberg. An der Abzweigung der Niederseiffener Straße von der B 171 liegt als ältestes Gebäude der Stadt das Hospital zu St. Johannis von 1508, seit 1993 Sitz eines Heimatmuseums.

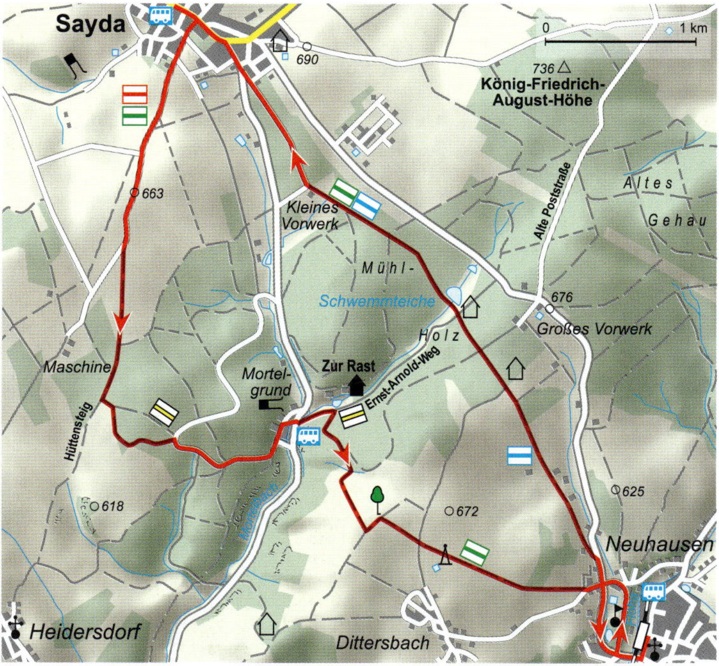

Blick auf Neuhausen mit Schloss Purschenstein.

Die Stadt Sayda liegt an der erzgebirgischen Silberstraße, wurde 1207 erstmals urkundlich erwähnt und zählt 2 300 Einwohner. Auf dem Hinweg führt die Wandertour durch den Mortelgrund mit zwei Bächen, an denen mehrere Mühlen betrieben wurden, darunter die Mortelmühle, deren Wiederherstellung geplant ist. Der Mortelgrund ist heute ein kleines, beliebtes Wintersportgebiet und die einstigen Mühlenbäche ein Naturidyll. Oberhalb von Dittersbach bietet der Weg schöne Ausblicke auf Neuhausen und zum Schwartenberg. Auf dem Rückweg, der dem Verlauf der Alten Salzstraße zwischen Halle und Prag folgt, sieht man Schloss Purschenstein (siehe Tour 25) sowie das Naturdenkmal Schwemmteiche.
Vom **Markt in Sayda**, 680 m, auf der B 171 südwärts, bis nach ca. 5 Min. rechts die **Alte Heidersdorfer Straße** mit grüner Markierung abzweigt. Ihr folgen wir südwestwärts durch die Felder bis zu einer Rechtskurve, 20 Min. ab Beginn der Alten Heidersdorfer Straße. Dort links auf einem Feldweg weiter, über eine Kreuzung am Waldrand und anschließend im Wald bei der nächsten Gabelung gemäß gelber Markierung auf dem linken Weg weiter. Nach Durchquerung des Waldes zunächst geradeaus am Waldrand weiter,

dann per Linkskurve durch ein kleines Waldstück. In der sogenannten **Kohlsdorfschleife** treffen wir dann auf einen breiten Schotterweg. Dort rechts weiter, vorbei an der Abzweigung zum ehemaligen Bhf. von Heidersdorf, bald stärker hinab bis vor die Jugendherberge. Dort nicht rechts zur Straße, sondern geradeaus unterhalb der Jugendherberge durch zur Bus-Haltestelle **Mortelgrund**.

An der Bus-Haltestelle auf der Autostraße kurz rechts, dann gegenüber gemäß gelber Markierung links und durch das idyllische **Morterbachtal**. Nach 5 Min. erreichen wir eine Kreuzung an einem Teich (links kurzer Abstecher zur Ausflugs-Gaststätte Zur Rast); rechts mit grüner Bezeichnung im Wald aus dem Mortelgrund heraus. Der Weg biegt nach links, verläuft am Waldrand entlang, führt nach rechts über einen Bach und steigt im Wiesengelände an, bis wir auf einen Asphalt-Querweg treffen, 20 Min. Hier links weiter und bei der nächsten Gabelung vor einer markanten Baumreihe rechts leicht abwärts. Wir erreichen dann eine Kreuzung oberhalb von **Dittersbach** und folgen dort geradeaus dem Plattenweg. So queren wir den Berghang und haben eine schöne Sicht Richtung Neuhausen. Wir treffen auf einen Asphalt-Querweg, der rechts sofort in den Dittersbacher Weg einmündet. Auf diesem halb links weiter zur B 171, die wir beim Hotel-Landgasthof **Grünes Gericht** erreichen, ½ Std. Auf der Seite vom Hotel nach rechts neben der B 171 vorbei am **Glashüttenmuseum** beim Schlossteich und kurz danach links in den Schlosspark. Wir folgen im Park immer der Außenmauer, welche die Abgrenzung zur B 171 bildet. Schließlich kommen wir aus dem **Schlosspark** mit schöner Vegetation und Teich wieder heraus und folgen erneut der B 171 (Freiberger Straße) vorbei am historischen Gasthaus »Zur Post« ortseinwärts. Über die Flöha und die alten Bahngleise kommen wir zu einer Kreuzung vor der Kirche. Hier links auf der Bahnhofstraße zur Bus-Haltestelle **Neuhausen** Bhf. (mit Rückfahrmöglichkeit nach Sayda) oder geradeaus entlang der Brüxer Straße in das kleine Zentrum von Neuhausen.

Schloss Purschenstein in Neuhausen.

Zurück bis zur alten Bahnstrecke und nach deren Überquerung rechts auf den Weg »**Am Schloss-**

Schwibbogen in Sayda.

berg« ab (mit blauer Markierung E3). Unterhalb vom Schloss rechts wenig hinauf zu einem Parkplatz, dort links Zugang zum Schloss. Geradeaus umrundet der Fahrweg den Schlossteich und führt schließlich in einem Linksbogen zum Hotel-Landgasthof Grünes Gericht an der B 171, ¼ Std. Nach rechts auf Fußweg am Hotel vorbei bis zum Ortsende, dort gegenüber links auf den Saydaer Weg. Beim letzten Haus endet der Asphalt-Fahrweg und es geht durch Wiesen und Felder bergan zu einer Schutzhütte mit Wegkreuzung am Waldrand. Geradeaus kurz weiter zur nächsten Kreuzung. Hier geht rechts die gelbe Markierung Richtung Cämmerswalde ab. Geradeaus in 5 Min. zur nächsten Wegteilung vor dem Mortelbach. Hier geht die gelbe Bezeichnung links zum Mortelgrund ab. Geradeaus Richtung Sayda weiter, auf der rechten Seite liegt ein idyllischer Schwemmteich, umgeben von schönen Wiesen und Nadelbäumen. Durch Wald geht es nordwestwärts zur nächsten Kreuzung mit einem überdachten Rastplatz, ¼ Std. Geradeaus aus dem Wald heraus und vorbei an einem Teichbiotop zum Gasthaus **Kleines Vorwerk**. Auf Asphaltweg in bisheriger Richtung bis zur Niederseiffenbacher Straße, ¼ Std. Auf dieser vorbei an großen Wohnblöcken weiter stadteinwärts zur Einmündung in die B 171, dort links das Heimatmuseum, und auf dieser nordwärts zum Markt zurück.

25 Unterwegs im oberen Flöhatal

Nussknackermuseum und Spuren der Alten Salzstraße

Neuhausen – Rauschenbach – Bad Einsiedel – Neuhausen

Ausgangspunkt/Ziel: Neuhausen ehem. Bahnhof., Bus-Haltestelle diverser Linien (u. a. Linie 736 nach/von Rauschenbach – Bienenmühle – Oberholzhau, Linie 737 Freiberg – Sayda – Neuhausen – Seiffen – Deutscheinsiedel sowie Schienenersatzverkehr Neuhausen – Olbernhau usw. [Anschluss Richtung Chemnitz]).
Gehzeiten: Neuhausen – Rauschenbach (Wegteilung) knapp1Std., nach Bad Einsiedel 2¼ Std., zurück nach Neuhausen 1 Std., insgesamt 4¼ Std. (17 km).
Höhenunterschied: 270 Hm.
Anforderungen: Fast ausschließlich breite, gut begehbare Wege.
Einkehr: Unterwegs in Rauschenbach, bei Abstecher im Wald-Gasthof Bad Einsiedel und in Frauenbach.

Sehenswürdigkeiten: In Neuhausen Löschner's Nussknackermuseum mit dem weltgrößten Holz-Nussknacker, der mit einer Höhe von 5,87m auch im Guinessbuch der Rekorde steht. Auf 400 qm Fläche finden sich hier 4 400 verschiedene Nussknacker aus 30 Ländern der Welt und vier Jahrhunderten. Beherrscht wird Neuhausen vom Schloss Purschenstein, 1289 erstmals als Zollstätte an der »Alten Salzstraße« erwähnt; es thront auf einem Felsrücken über der Flöha. Im Schloss Ausstellung alter Motorräder. Unterhalb liegt in der historischen Frohnfeste ein Glashüttenmuseum mit vielen Zeugnissen des Glasmachens im Erzgebirge. In der neogotischen Kirche von 1865–68 befindet sich eine Jehmlich-Orgel.

Neuhausen liegt tief eingebettet im Tal der Flöha zu Füßen des 789 m hohen Schwartenberges und zählt mit den eingemeindeten Ortsteilen 3 500 Einwohner. Die Tour vermittelt im ersten Teil schöne Aussichten ins Flöhatal

Blick über die Wiesen zur Rauschenbach-Talsperre.

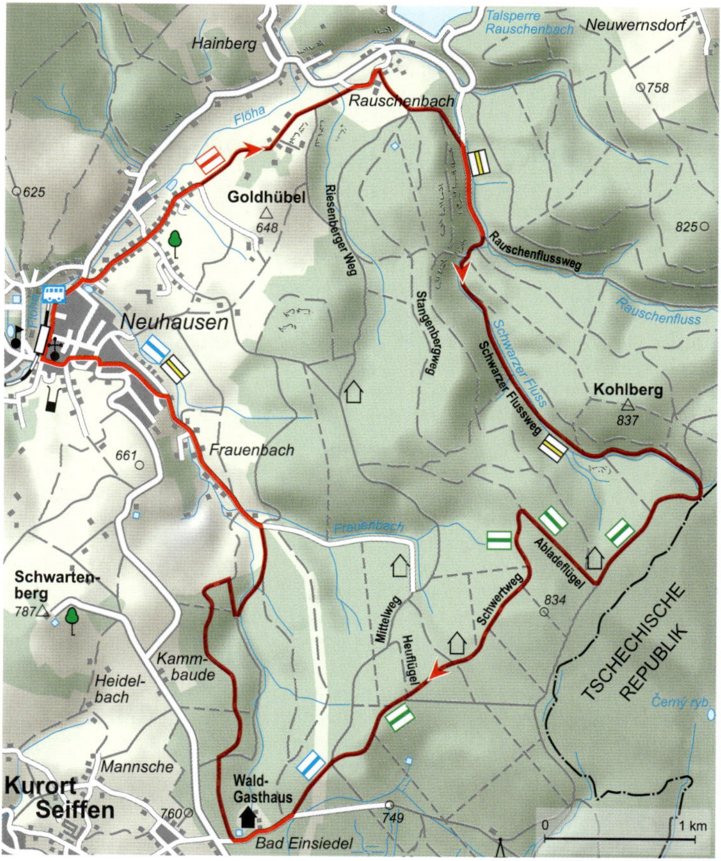

und gegen die Staumauer der Rauschenbach-Talsperre. Diese wurde von 1961–68 erbaut, das Flöha-Wasser versorgt Teile des Erzgebirges sowie die Regionen um Chemnitz und Freiberg mit Trinkwasser. Von Rauschenbach führt die Tour durch Seitentäler der Flöha hinauf bis zur Grenze und folgt dann auf längerer Strecke dem Alten Salzweg, der historischen Handelsroute zwischen Mitteldeutschland und Böhmen. Vom einsam gelegenen Bad Einsiedel kehrt man durch den Vorort Frauenbach zurück nach Neuhausen.

der Bahnhofstraße am Nussknacker-Museum vorbei und nordwärts, bis wir nach Überschreitung des Frauenbachs (hier auch ein kleiner Teich) rechts in den **Neuwernsdorfer Weg** abzweigen. Mittels einer Linkskurve gewinnen wir an Höhe und lassen Neuhausen hinter uns. Nach ca. 20 Min. Gehzeit zweigt rechts ein Weg zum Hotel und Wildgehege Goldhübel ab. Geradeaus führt der wenig befahrene Asphaltweg durch aussichtsreiche Wiesen, wobei wir geradeaus die Staumauer der **Rauschenbach-Talsperre** im Blickfeld haben. Vorbei an Einzelhäusern kommen wir zu einem kleinen Waldstück, wo ein weiterer Weg rechts aufwärts zum Goldhübel abgeht. Geradeaus weiter geht es durch eine Bachsenke, dann hinauf zu einem Querweg, dem wir nach rechts zum großen Komplex des **Senioren-Pflegeheims** folgen. Hinter dem Hauptgebäude liegt rechts ein Parkplatz, an dem entlang der Wanderweg zu einer Weggabelung am Waldrand führt. Gehen wir vom Pflegeheim geradeaus weiter, kommen wir in 5 Min. ins Zentrum von Rauschenbach mit Einkehrmöglichkeit.
Von der Weggabelung am Waldrand unweit des Pflegeheims links auf dem breiten Klötzerweg in das Tal des **Rauschenflusses** hinab. Auf dem Tal-Fahrweg rechts taleinwärts, immer am Fluss entlang. Wir erreichen einen Holzschuppen, bei dem wir rechts auf gelber Markierung in das Tal des Schwarzen Flusses abzweigen. Der Fahrweg wechselt mehrmals die Bachseite und führt stetig bergauf. Wir bleiben immer auf dem Hauptweg und erreichen unmittelbar vor der Grenze den grün bezeichneten **Zigeunerweg**, 800 m. Hier rechts weiter, bald von der Grenze wieder weg zu einer Wegkreuzung mit Schutzhütte. Hier finden wir auch einen Hinweis auf die »**Alte Salzstraße**«, der unser Wanderweg nun ein Stück folgt. An der Kreuzung rechts gemäß grüner Markierung schnurgerade durch lichten Wald auf dem **Abladeflügel** weiter. Nach 10 Min. zweigen wir links auf den weiterhin grün bezeichneten **Schwertweg** ab, der nun kurvenreich im Berghang abwärts führt und eine weitere Schutzhütte mit Aussicht erreicht, 20 Min. Kurz darauf zweigt rechts der »Rote Wiesenweg« ab, wir bleiben auf dem Schwertweg, der bald auf den von links kommenden Heuflügel trifft. Weiter bis zur nächsten Weggabelung, wo rechts der Mittelweg abgeht. Geradeaus auf dem Schwertweg – nun mit diversen Markierungen – zu einer Gabelung am Haidgraben, dort rechts auf Asphaltweg zum Wiesen- und Sportgelände um **Bad Einsiedel**, 750 m, mit Wald-Gasthaus.
Vom Wald-Gasthaus ca. 150 m auf dem Asphalt-Fahrweg weiter, dann zweigt rechts der FWW E3 in den Wald ab. Der sogenannte Herrenweg erreicht nach einem Zaun eine Kreuzung, wo der E3 links weiterführt, wir aber mit gelber Markierung rechts dem asphaltierten Kuhdreckflussweg folgen. 60 m weiter zweigt links der unbezeichnete **Ehrenreichweg** ab, ein wunderschöner Waldweg, der die Asphaltstrecke vom Kuhdreckflussweg meidet. Wir folgen ihm in gerader Linie, zum Schluss teilweise etwas zugewachsen, zum Waldrand oberhalb von Frauenbach, 20 Min. Von dort rechts am Wald-

rand abwärts bis vor einen Hochsitz, dort rechts in den Wald zurück, wo wir wenig später bei einer Wildfutterstelle wieder auf den Kuhdreckflussweg treffen. Links weiter talauswärts, bis von rechts der Frauenbachweg einmündet. Weiter Richtung **Frauenbach** hinab (gelbe und blaue Markierung) zum dortigen Gasthof »Zur Edlen Krone«, 20 Min. In bisheriger Richtung in 5 Min. zu einer Straßengabelung. Hier links oben auf der Frauenbachstraße weiter, dann rechts durch den Bad Einsiedler Weg zur Brüxer Straße, der wir rechts folgen. Sie führt ins Zentrum hinab zur Kirche, wo rechts die Bahnhofstraße zurück zum Ausgangspunkt der Wanderung führt.

Die Kirche in Neuhausen.

26 Von Seiffen ins Schweinitztal

Aussichten im Süden des Spielzeugdorfes

Seiffen – Brüderwiese – Deutschneudorf – Oberseiffenbach – Seiffen

Ausgangspunkt/Ziel: Seiffen Zentrum, Kreuzung Hauptstraße mit Deutschneudorfer bzw. Bahnhofstraße, unweit davon die Bus-Haltestelle »Seiffen Mitte«, u. a. Linie 453 von/nach Olbernhau und Linie 737 nach/von Deutschneudorf bzw. Neuhausen – Freiberg.
Gehzeiten: Seiffen – Brüderwiese 1¼ Std., weiter nach Deutschneudorf ¾ Std., dann nach Oberseiffenbach gut 1 Std., zurück nach Seiffen 1 Std., insgesamt gut 4 Std. (15 km).
Höhenunterschied: 200 Hm.
Anforderungen: Gut begehbare Wege, drei Anstiege.
Einkehr: In Deutschneudorf Gh. »An der Kirche«, bei Abstecher in Deutschkatherinenberg die »Steigerstube«.
Sehenswürdigkeiten: In Seiffen die achteckige Bergkirche von 1776-79 unweit der Kreuzung im Zentrum, das Erzgebirgische Spielzeugmuseum mit Leuchtern, Nussknackern, Pyramiden, Schwibbögen usw. sowie das Erzgebirgische Freilichtmuseum, wo das Leben früherer Handwerker nachgestellt ist. Im Ortsteil Deutschkatherinenberg befindet sich das gern besuchte Besucherbergwerk Fortunastollen.
Varianten: Rückfahrt mit Bus ab Deutschneudorf, dann nur knapp 2 Std. bzw. rund 7 km oder von Oberseiffenbach, dann gut 3 Std. (11,5 km).

Diese Wanderung im Süden von Seiffen, 640 m, beschert unterschiedliche Aussichten. Beim Anstieg zum Ahornberg genießen wir die Rückblicke auf Seiffen und die Sicht zum Schwartenberg, im Bereich von Deutschneudorf sehen wir über das Tal der Schweinitz weit ins böhmische Erzgebirge und haben einen besonders schönen Nahblick Richtung Hora Svate Kateřiny (Katharinaberg) mit markantem Aussichtsturm. Der Rückweg bietet ganz zum Schluss nochmals einen schönen Nahblick auf Seiffen.
Von der Kreuzung im Zentrum südwärts auf der **Deutschneudorfer Straße**

Blick auf Seiffen.

bergan zur **Bergkirche**, an ihr vorbei, dann links auf den Waldweg. Gleich danach nochmals links, dann gemäß grüner Markierung auf dem Asphalt-Fahrweg durch die Felder empor. Wir kreuzen die Oberheidelberger Straße. Auf Plattenfahrweg empor zu einem rechts liegenden Einzelhof, danach Wegteilung. Hier rechts auf rot bezeichnetem Waldweg weiter. Bald kommen wir am Waldrand zu einer Ruhebank am Hang des **Ahornberges**, die eine schöne Aussicht bietet. Bei der kurz danach folgenden Wegteilung nehmen wir den linken oberen Weg, 5 Min. nach der Aussichtsbank können wir einen kurzen Abstecher zu einem **Basaltaufbruch** machen. Geradeaus auf Grasweg im Wald aufwärts, bis von rechts ein grün bezeichneter Weg einmündet. In bisheriger Richtung weiter, über eine Kreuzung zu einer breiten Schneise (Skipiste), die eine weite Sicht Richtung Böhmen bietet. Nach Überquerung der Schneise treffen wir auf einen Querweg, dem wir nach rechts folgen. Wenig später biegt der Zaun links in den Wald ab. Wir folgen dort dem unmarkierten Grasweg rechts vom Zaun abwärts, kreuzen einen Fahrweg, dann im weiteren Abstieg im Wald einen Grasweg und treffen nach dem Waldende zwischen zwei Schuppen in der Siedlung »**Brüderwiese**« auf eine Asphaltstraße mit gelber Markierung.
Hier rechts weiter. Linker Hand haben wir einen weiten Blick über das Tal der Schweinitz nach Böhmen. Bei der kurz darauf folgenden Straßengabel links hinab (grüne Markierung) und vor einem Teich rechts auf den »Mittelweg« ab. Bald geht es wieder in den Wald, wir kommen über eine Kreuzung und erreichen nach Verlassen des Waldes die ersten Häuser von **Deutschneudorf**. Links erneut weite Aussicht nach Böhmen. Vorbei an Einzelhäusern und einem Gedenkstein, der an die durch Blitzschlag getöteten Geschwister Bräuer erinnert. Schließlich treffen wir auf die von Seiffen kommende Autostraße. Nach links auf dieser Straße (gelbe Markierung) 5 Min.

Heimatmuseum in Deutschneudorf.

weiter hinab zur Gaststätte »An der Kirche«. Die barocke Dorfkirche von 1736 liegt in der folgenden Linkskurve, daneben ein Heimatmuseum für erzgebirgische Tradition.

Vom Gasthof in Deutschneudorf, 640 m, scharf rechts auf dem Salzweg (grüne Markierung) bergan und aus dem Ort hinaus. Wir treffen auf einen Pflasterweg, folgen ihm nach rechts, weiter oberhalb links von einem eingezäunten Gelände zu einem Rastplatz mit Anton-Günther-Denkmal und weiter Aussicht. Bei der folgenden Bank links schöne Sicht auf Katharinaberg in Böhmen mit Aussichtsturm. Dann macht der Salzweg eine Rechtskurve und wir treffen unweit von einem Biotop auf einen Rastplatz und wenig später auf eine Autostraße mit gelber Markierung. Nach links Abstecher nach Deutschkatharinenberg möglich (hin und zurück extra 2,5 km). Gegenüber auf Schotterweg mit immer noch grüner Bezeichnung weiter, vorbei an einer Wildfütterungsstelle, nach einer Rechtskurve geradeaus über die nächste Kreuzung bis zu einem Querweg mit gelber Markierung; hier rechts weiter. Am folgenden Waldrand zweigt vom gelben Fahrweg links der mit rotem Punkt bezeichnete Rundweg ab. Wir folgen auf ihm dem Waldrand abwärts, wenden uns nach links, überqueren die **Brettmühlenwasser** (Bäche) und gelangen gerade wieder in den Wald. Von links kommt ein Weg hinzu, geradeaus zu einem Querweg mit Fabrikruine. Hier links vorbei an der Pension Wildsbacher Hof (keine Einkehr!) und in einem Rechtsbogen zur Straße mit Bus-Haltestelle »**Oberseiffenbach Wendeschleife**«. Rückfahrmöglichkeit mit Linie 455 nach Seiffen.

Nun folgen wir zunächst der Autostraße vorbei an einzelnen Häusern, bis diese nach rechts abbiegt. Links zweigt dort der grün bezeichnete Zenkerweg mit Wald-Parkplatz ab. Wir selbst benutzen geradeaus den Fahrweg, der dem Waldrand folgt. Dort, wo dieser in den Wald hineinführt, rechts auf dem rot bezeichneten Rundweg ab. Wenige Minuten später vor einem Zaun links ab und länger in gerader Linie durch den Wald. Bei einem kleinen Hochsitz geradeaus weiter, dann nach einer Rechtskurve bei der folgenden Wegkreuzung links hinab. Nach einer Linkskurve trifft man dann auf eine große Wegkreuzung mit diversen Fahrwegen. Hier rechts gemäß roter und grüner Markierung weiter. Der Weg wendet sich zunächst immer mehr nach links und macht dann eine scharfe Rechtskurve. Wenig später erreichen wir eine weitere Wegteilung. Hier geht die rote Markierung rechts hinauf, wir selbst folgen der grünen Markierung geradeaus, kreuzen bei einem Hochsitz eine Skipiste und kommen zur nächsten Kreuzung, wo verschiedene Markierungen abgehen. Hier links hinunter, wo wir gleich danach am Waldrand auf den »**Mühlenweg**« treffen. Von hier haben wir einen schönen Nahblick auf Seiffen und auch Sicht hinüber zum Schwartenberg. Nach rechts durch das Wiesengelände hinab zu den Häusern von Seiffen und auf Nebenweg zur Hauptstraße, die wir gegenüber vom **Spielzeugmuseum** erreichen. Auf ihr nach rechts zur Kreuzung im Zentrum.

Die Bergkirche in Seiffen.

27 Auf den Schwartenberg

Weithin sichtbarer Aussichtspunkt zwischen Seiffen und Neuhausen

Seiffen – Schwartenberg – Neuhausen – Bad Einsiedel – Seiffen

Ausgangspunkt/Ziel: Seiffen, Kreuzung Hauptstraße mit Deutschneudorfer bzw. Bahnhofstraße, unweit davon Bus-Haltestelle »Seiffen Mitte«, u.a. Linie 453 von/nach Olbernhau und Linie 737 nach/von Deutschneudorf/Neuhausen – Freiberg.
Gehzeiten: Seiffen – Schwartenberg ½ Std., Abstieg nach Neuhausen ¾ Std., Wiederaufstieg nach Bad Einsiedel 1¼ Std., zurück nach Seiffen ¾ Std., insgesamt 3¼ Std.(12 km).
Höhenunterschied: 370 Hm, 2 Anstiege.
Anforderungen: Gute Wanderwege oder Nebenstraßen.
Einkehr: In der Schwartenberg-Baude, in Frauenbach, in Bad Einsiedel und an der Neuhausener Straße (Hotel Berghof).
Sehenswürdigkeiten: Seiffen siehe Tour 26, Neuhausen siehe Tour 25.

Der Schwartenberg, 787 m, ein beliebtes Ausflugsziel, steht im Mittelpunkt dieser Tour. Seine isolierte Lage und kahle Kuppe machen ihn zu einem Aussichtsberg ersten Ranges. Besonders eindrucksvoll der Tiefblick auf Neuhausen! Die Schwartenberg-Baude wurde 1925-27 vom Erzgebirgsverein erbaut. Von der Kreuzung im Zentrum von Seiffen, 640 m, nordwärts auf der Bahnhofstraße zu einem kleinen Platz bergan. Hier rechts gemäß roter Markierung ab und auf der Nebenstraße »Am Schindelberg« weiter. Schon bald macht der Asphaltweg eine Linkskurve und steigt als »Glashüttenweg« in den Wiesen nördlich von Seiffen an. Wir folgen der Autostraße bis zur Abzweigung des FWW E3. Diese nun blaue Markierung steigt auf einem Grasweg zum Waldrand an, dort Aussicht Richtung Ahornberg, 823 m. Im Wald weiter aufwärts. Bald macht der Weg einen Linksbogen und die **Schwartenberg-Baude** wird sichtbar. Bis zum Gipfelplateau sind es noch 150 Hm.
Vom Gipfel südseitig hinab zur Abzweigung des mit rotem Punkt bezeichneten Rundweges. Anfangs an einem Zaun entlang, dann auf dem Fußsteig durch den Wald hinab zu einem Fahrweg mit der roten »EB-Markierung«. Hier rechts weiter, aus dem Wald heraus, geradeaus bis zu einer größeren Fahrweg-Kreuzung. Links stehen einzelne Häuser, rechts geht der Schwartenbergweg ab. Geradeaus kurz auf dem Fahrweg hinab, dann links haltend auf dem roten EB-Weg durch aussichtsreiche Wiesen und vorbei an einem Teich. Zwischen zwei Zäunen hindurch zu einer Bank, wo unser Weg links

abbiegt und bei der Schloss-Apotheke die Brüxer Straße erreicht, 25 Min. Einkehrmöglichkeiten linker Hand im Zentrum von **Neuhausen**.
Auf der **Brüxer Straße** rechts weiter. Nach der Schulbus-Haltestelle folgt eine Rechtskurve. Dort gegenüber in den Einsiedler Weg und leicht ansteigend weiter. An seinem Ende treffen wir auf die Frauenbacher Straße mit blauer E3-Markierung. Nach einer Linkskurve mündet von links eine Straße ein, wir kommen über den **Frauenbach** und erreichen das Gasthaus »Zur edlen Krone«. Vorbei an Einzelhäusern zum Waldrand mit Parkplatz. Geradeaus am Waldrand zu Weggabelung. Dort geradeaus auf dem **»Frauenbachweg«** zu einem Holzstapelplatz, dann über den Frauenbach und auf dem unbezeichneten Weg im Wald bergan. Ein Zaun auf der linken Seite ist anfangs eine erste Orientierung. Ansteigend passieren wir einen Hochsitz und biegen anschließend vor dem Zaun links ab. Nach dem Zaunende überqueren wir einen Bach. Weiter bergan zu einer kleinen Lichtung mit Hochsitz, dann ebener weiter. Der Weg macht eine Rechtskurve, dann mündet von links ein Weg ein. Auf dem Hauptweg bleibend, beginnt erst links ein Zaun, dann rechts. Schließlich treffen wir auf einen Querweg unweit vom Heidengraben. Rechts nach **Bad Einsiedel** mit Gasthof.
Auf dem Asphaltfahrweg zur Autostraße Neuhausen – Deutscheinsiedel beim **Hotel-Restaurant Berghof**. Gegenüber auf der Straße Richtung Seiffen hinab. Wenig später rechts auf den **Glashüttenweg** (grüne Markierung). Stärker hinab, über eine andere Straße zur Abzweigung eines Wiesenweges (FWW E3). Geradeaus weiter, bis nach 5 Min. rechts die »Alte Dorfstraße« mit grüner Bezeichnung mittels Linkskurve zur Hauptstraße hinabführt. Auf dieser rechts zurück.

Der Schwartenberg.

28 Rund um die Talsperre von Lichtenberg

Abwechslungsreiche Hügellandschaft zwischen Mulden- und Gimmlitztal

Mulda – Dittersbach – Talsperre Lichtenberg – Mulda

Ausgangspunkt/Ziel: Mulda Bhf. an der Strecke Freiberg – Holzhau, gleichzeitig Bus-H., u.a. Linie 733 (Brand-Erbisdorf – Lichtenberg – Bienenmühle usw.) sowie Linie 735 (Freiberg – Zethau).
Gehzeiten: Mulda – Dittersbach 1½ Std., weiter zur Talsperre Lichtenberg 1½ Std., zurück nach Mulda 1 Std., insgesamt 4 Std. (16 km).

Höhenunterschied: Rund 160 Hm, verteilt auf zwei Anstiege.
Anforderungen: Bequeme, meist breite Wald- und Feldwege.
Einkehr: In Dittersbach sowie in der Talsperrenschänke.
Sehenswürdigkeiten: Pfarrkirche von Mulda mit sehenswertem Altar des Dresdner Bildhauers Walther von 1584.

Mulda zählt 3 200 Einwohner und war in früherer Zeit ein Verkehrsknotenpunkt, gab es einst doch eine Schmalspurbahn nach Sayda, von der noch ein paar Brückenpfeiler im Ort existieren. Die Umgebung ist ein hügeliges Bergland, bei der sich Mischwälder mit Feldern und Wiesen abwechseln. Um die Talsperre hat sich eine artenreiche Tier- und Pflanzenwelt erhalten.

Vom **Bahnhof in Mulda** rechts zum Bahnübergang und nach Überquerung der Gleise rechts kurz bergan. Der markierte Weg verläuft oberhalb der Bahnlinie, ist mal Fuß- und Radweg, mal kleine Straße und wird **Anton-Günther-Weg** genannt. Man passiert ein Denkmal für diesen Dichter und Sänger und ein Kriegsgefallenen-Denkmal. Nach ¼ Std. geht links die Straße »Heiterer Blick« ab, unser Rückweg, während geradeaus ein Pflasterweg zunächst noch der Bahnstrecke folgt, dann aber links zu einer Straße hinaufführt. Auf dieser in bisheriger Richtung weiter, später als Fahrweg im Wald erneut entlang der Bahnstrecke. Bei einem Einzelhaus mittels Linkskurve von der Bahn weg und entlang einer kleiner Wiese kurz bergan, bis zur zweiten Abzweigung am oberen Wiesenrand. Hier rechts auf blau bezeichneten »**Neuen Köhlerweg**« ab. Später hält sich der Hauptweg immer mehr

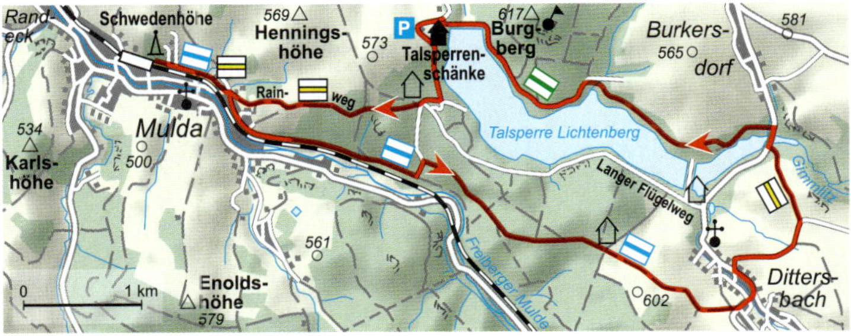

Blick auf Dittersbach.

links. Nach Einmündung des Rainweges kommen wir zu einer Kreuzung am Waldrand mit Schutzhütte, 570 m. Von dort geradeaus auf blauer Markierung durch Feld und Wiesen weiter. In Kehren unterhalb vom Sauerberg nach **Dittersbach** hinab. Dort treffen wir auf eine Autostraße und gelangen auf ihr links zum Dorfplatz, 550 m.

Von der Bus-Wendeschleife per Linkskurve auf der Autostraße bis zum Café Hexenhäuschen. Gegenüber rechts auf einem blau markierten Fahrweg bergan, per Rechtskurve aus dem Dorf heraus und durch die Felder zu einer Wegteilung mit Schutzhütte. Dort links mit gelber Markierung bergab. Nach Beginn des Waldes treffen wir erneut auf die Autostraße. Auf ihr nach rechts über die **Brücke** am Ostende der Talsperre. Am nördlichen Brückenende links gelb markiert weiter. Der Weg verläuft in einiger Entfernung vom Talsperrenufer im Wald. Nach einigen Kurven und einer Bachüberquerung erreichen wir einen Querweg auf einer Lichtung. Nun links auf dem grün bezeichneten Asphaltweg unter dem Burgberg zur **Staumauer** der Talsperre, 497 m. Nach Überquerung der Dammkrone halten wir uns rechts und treffen auf eine Autostraße. Auf ihr links zur Talsperrenschänke.

Die Straße macht bald eine Linkskurve – dort großer Parkplatz –, anschließend auf markiertem Plattenweg oberhalb der Talsperre südwärts. Nach kurzem Anstieg erreichen wir eine Kreuzung, wo die gelbe Bezeichnung rechts dem Asphaltweg folgt. Auf ihm erreichen wir in einer Linkskurve eine weitere Wegteilung mit Schutzhütte. Hier geradeaus auf dem gelb bezeichneten Waldweg westwärts Richtung Mulda. Aus dem Wald heraus gehen wir bergab zu einem **Wasserhochbehälter**. Danach erreichen wir die ersten Häuser und kommen auf der Straße »Heiterer Blick« unter Kreuzung der Oststraße in 5 Min. hinab zur Bahnstrecke, wo wir auf den Hinweg treffen. Auf bekanntem Weg zurück zum Bahnhof.

29 Beiderseits des Gimmlitztales

Burgenromantik und der Orgelbauer Gottfried Silbermann

Frauenstein – Poststeig – Nassau – Röthenhübel – Frauenstein

Ausgangspunkt/Ziel: Frauenstein Markt, Bus-Haltestelle, u.a. nach/von Dippoldiswalde (Linien 364, 365), Dresden (364), Nassau und Bienenmühle Bhf. (739).
Gehzeiten: Frauenstein – Poststeig – Nassau 1½ Std., weiter zum Röthenhübel gut ½ Std., zurück nach Frauenstein 1¼ Std., insgesamt gut 3¼ Std. (13 km).
Höhenunterschied: Rund 200 Hm.
Anforderungen: Gut begehbare Feld- und Waldwege, Ab- und Aufstiege durchs Gimmlitztal.
Einkehr: In Nassau (bei Abstecher von der eigentlichen Wanderstrecke).
Sehenswürdigkeiten: In Frauenstein das Schloss von 1585-88 mit Museum des berühmten Orgelbauers Gottfried Silbermann. Daran angebaut eine um 1200 erbaute Burg (Teile erhalten). Auf dem Markt die Stadtkirche, 1490 vollendet, mehrfach erneuert und umgebaut sowie eine Postdistanzsäule von 1725. In der Dorfkirche von Nassau Silbermann-Orgel von 1748.

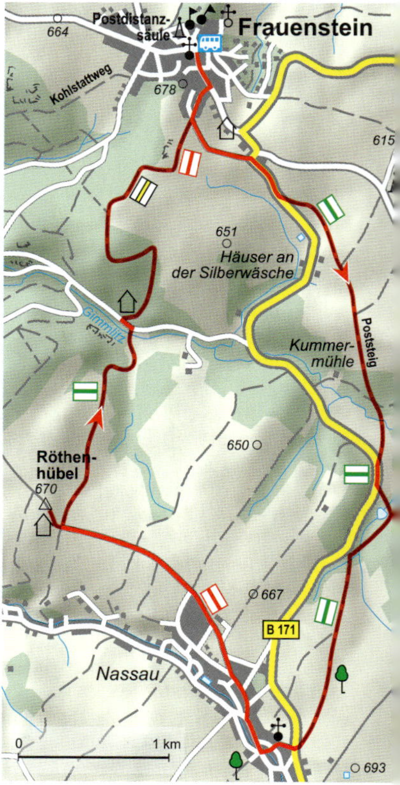

Frauenstein liegt auf einer Hochfläche, wurde 1218 erstmals erwähnt, Stadtrecht seit 1411 und zählt mit den eingemeindeten Ortsteilen, u.a. auch Nassau, 3 500 Einwohner. Der Burgrest ist die größte mittelalterliche Burgruine Sachsens. Bekannt ist Frauenstein aber auch als Heimat des berühmten Orgelbauers Gottfried Silbermann. Reizvoll ist die Wanderung insbesondere durch die zweimalige Durchquerung des Gimmlitztales. Die Gimmlitz ist ein Nebenfluss der Freiberger Mulde, an der einst 24 Mühlen standen; heute ist sie ein einzigartiger Naturraum. Nassau liegt in einem Nebental der Freiberger Mulde und ist eines der längsten Waldhufendörfer Sachsens. Beliebt sind die Sommerkonzerte mit der Silbermann-Orgel in der Dorfkirche.

Holzplastik am Poststeig.

Vom Markt in **Frauenstein**, 650 m, südwärts auf der Teplitzer Straße zur Linkskurve, dort geradeaus auf der grün und rot markierten Saydaer Straße weiter. Am Ortsende macht diese eine Linkskurve, dort mündet der Rückweg ein. Sie führt uns unweit einer Straßenkreuzung zur B 171. Auf dieser 150 m rechts abwärts. Bei einer Holzplastik zweigt dann links der grün bezeichnete **Poststeig** ab. Er führt durch hügeliges Gelände und wird von Holzplastiken verschiedener Künstler aus dem Jahre 2000 gesäumt. In einem Waldgebiet kreuzen wir einen gelb bezeichneten Weg und erreichen mittels Linkskurve die Gimmlitz-Brücke. Geradeaus leicht bergan zu einer Straßenkurve der B 171. Im Wiesengelände links unterhalb der B 171 5 Min. weiter bis vor einen Hochsitz, dort links an einem Fischteich vorbei und oberhalb im Wald weiter südwärts. Entlang eines Zaunes zum Waldrand, dort rechts über einen Bach und nochmals kurz am Waldrand bergan, dann durch Felder und Wiesen auf zwei Lindenbäume zu. Von hier bergab zur B 171 und nach ihrer Überquerung gegenüber auf dem Fahrweg vorbei an der Kirche hinab zur Dorfstraße. Auf dieser in 3 Min. rechts zum Dorfplatz von **Nassau**, 640 m.

Vom Dorfplatz auf der rechts aufwärts führenden Schäfergutstraße gemäß roter Markierung hinauf zum Kamm nördlich des Dorfes. Der Feldweg folgt vom Ortsende an dem Kammverlauf und erreicht unterhalb vom Röthenhübel eine Kreuzung. Rechts zweigt hier der grün bezeichnete Rückweg ab, geradeaus kommen wir in 5 Min. per Kehre hinauf zum **Röthenhübel**, 670 m, mit Schutzhütte. Zurück zur Kreuzung, dort links durch die Felder, bei den nächsten Abzweigungen immer links dem Hauptweg Richtung Wald folgen. Bei der ersten Gabelung im Wald rechts, bis wir auf einen von rechts oben kommenden Weg treffen. Hier links zur **Gimmlitz**, über diese zu einem Querweg, dem wir 50 m nach links folgen zu einer weiteren Wegteilung mit Schutzhütte an der 1970 abgerissenen Ratsmühle. Dort rechts markiert in einem Nebenbachtal bergauf, am Waldrand links, um einen markanten Felsblock herum und im Wald wieder nordwärts. Von der Abzweigung »**An der Scheibe**« weiterhin am Waldrand entlang zu einer zweiten Wegteilung. Hier rechts auf roter Markierung zunächst noch am Waldrand entlang, dann über Felder zu einem Querweg. Auf diesem links weiter zu seiner Einmündung in die Saydaer Straße am Ortsrand von Frauenstein und auf bekanntem Weg zurück.

30 Hoch über dem Oberen Freiberger Muldetal

Sächsisches Brauereimuseum und einsame Wälder

Rechenberg – Töpferwald – Teichhaus – Oberholzhau – Rechenberg

Ausgangspunkt/Ziel: Rechenberg Bhf. an der Strecke Freiberg – Rechenberg – Holzhau, alternativ Bus-H. Erbgericht (Linien 733 Rehefeld – Rechenberg – Brand Erbisdorf und 736 Oberholzhau – Rechenberg – Deutsch-Georgenthal – Neuhausen).
Gehzeiten: Rechenberg – Teichhaus 2½ Std., weiter nach Oberholzhau 1 Std., zurück nach Rechenberg ¾ Std., insgesamt gut 4 Std. (17,5 km).
Höhenunterschied: Gesamt 330 Hm, einmal 230 Hm, einmal 100 Hm.
Anforderungen: Meist breite Wege.
Einkehr: In Teichhaus und Oberholzhau.
Sehenswürdigkeiten: Die private Rechenberger Brauerei von 1558 mit dem Sächsischen Brauereimuseum, Burgruine von 1350 (1586 niedergebrannt).
Kurzvariante: Rückfahrt mit Bus (Linie 733 ab Teichhaus), 2½ Std. (10 km).

Rechenberg ist ein Dorf der Gemeinde Rechenberg-Bienenmühle mit 2 600 Einwohnern. Die Tour führt durch dichte Wälder, verläuft entlang der Freiberger Mulde und bietet im letzten Abschnitt weite Aussichten.
Vom **Bahnhof Rechenberg**, 570 m, westwärts zur Einmündung des Weges »Am Trostgrund«, dort rechts unter der Bahnstrecke durch und über die Mulde zur Muldentalstraße, dort kurz links zur Bus-Haltestelle »Erbgericht« im Zentrum. Gegenüber in die Straße »An der Schanze«, vorbei am Rathaus, an der Rechenberger Brauerei, am Friedhof und außerhalb des Ortes stetig an Höhe gewinnend. Nach der Abzweigung eines Weges Richtung Bienenmühle in den Wald mit grüner Bezeichnung zu einer Kreuzung mit Rastplatz. Dort rechts auf dem grün und blau bezeichneten Proßweg weiter, von dem in einer Rechtskurve die blaue Markierung abzweigt. Dort geradeaus. Im Wald kurvenreich bis zur Kreuzung mit dem gelben N-Weg, dort geradeaus

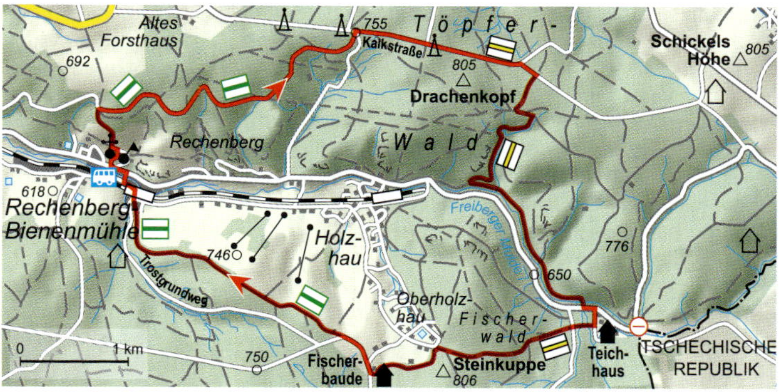

Brauereimuseum Rechenberg: Dampfmaschine.

bis zu einer großen Wegkreuzung mit Parkplatz, Hütte und Gedenkstein, 755 m. Hier rechts und in gerader Linie ostwärts auf der Kalkstraße durch den **Töpferwald** (gleichzeitig FWW E3 und Weg EB). Beim höchsten Punkt des Kammweges zweigt links ein Weg Richtung Hermsdorf ab, später ein weiterer zum NSG Gimmlitzwiesen, wir aber verlassen den Kammweg erst bei einer gelben Markierung nach rechts. Im Wald treffen wir auf einen Querweg, halten uns darauf links und erreichen die Kreuzung **Höhn's Ruh**, 770 m. Von dort mittels Rechtsbogen abwärts, dann links durch ein Seitenbachtal stärker hinab und nach rechts talauswärts zu einem Querweg vor der **Freiberger Mulde**. Dort links taleinwärts neben der Freiberger Mulde, die beim Hochwasser 2002 hier erhebliche Verwüstungen angerichtet hat. Über den Fluss zur Autostraße, von der gleich rechts die »**Torfstraße**« abzweigt, die wir benutzen können, wenn wir nicht zum **Gasthof Teichhaus** wollen; dafür noch kurz geradeaus weiter.

Bei einem Rastplatz zweigt von der Torfstraße rechts ein gelb bezeichneter Fahrweg ab, der »**Schwarze Buschweg**«, und steigt im Fischerwald an. Nach einem Rastplatz gabelt sich der Weg, hier links aufwärts und bald an den oberen Häusern von Holzhau entlang zu einer Wegteilung am Waldrand, wo rechts eine Asphaltstraße heraufkommt. Wir bleiben am Wald-Wiesenrand, zweigen in einer Rechtskurve Richtung Steinkuppe ab, steigen dann auf einem Waldweg kurz an und erreichen eine weitere Kreuzung. Hier halten wir uns rechts gemäß gelber Bezeichnung und kommen dann zum Gasthof Fischerbaude in **Oberholzhau**, ca. 750 m.

Von der **Fischerbaude** rechts auf der Ringelstraße entlang, vorbei an der Abzweigung der Bergstraße und einem Parkplatz, bis in einer Linkskurve am Waldrand geradeaus ein grün markierter Weg abgeht. Diese »Alte Landstraße« führt in gerader Linie am Waldrand nordwestwärts. Nach ½ Std. erreichen wir eine Abzweigung, von der rechts ein kurzer Abstecher zu einem Aussichtspunkt führt. Dann geht es stärker hinab, der Weg biegt nach rechts ab und führt durch die Siedlung Alte Landstraße zum Bahnhof Rechenberg.

31 Auf den Höhen beidseits der Roten Weißeritz

Weißeritztalbahn und Glocken aus Meißner Porzellan

Oberbärenburg – Kipsdorf – Bärenfels – Schellerhau – Oberbärenburg

Ausgangspunkt/Ziel: Bus.-H. Oberbärenburg, Linie 360 Dresden – Oberbärenburg – Altenberg – Zinnwald.
Gehzeiten: Oberbärenburg – Kipsdorf 1¼ Std., Kipsdorf – Bärenfels ½ Std., Bärenfels – Schellerhau 1¼ Std., zurück nach Oberbärenburg 1 Std., insgesamt knapp 4 Std. (12 km).
Höhenunterschied: Rund 350 Hm.
Anforderungen: Zwei Ab- und Anstiege durch das Tal der Roten Weißeritz erfordern Ausdauer, breite und schmale Wege.
Einkehr: Diverse in allen Orten.
Sehenswürdigkeiten: Kipsdorf ist Endstation der Weißeritztalbahn (älteste Schmalspurbahn Deutschlands); durch das Hochwasser 2002 stark beschädigt und z.Zt. nur in Teilstrecken befahrbar. Der durchgehende Betrieb ist für 2006 geplant. Im Kurpark von Bärenfels 25 Glocken des Friedens aus Meißner Porzellan. Zur vollen Stunde erklingen erzgebirgische Heimat- und Volkslieder.

Das von dichten Wäldern umschlossene Oberbärenburg bildet mit Waldbärenburg den Kurort Bärenburg, schon zu DDR-Seiten ein beliebtes Urlaubsziel. Von Kipsdorf geht es durch das NSG Hofehübel wieder hinauf, dann durch Bärenfels und auf die Stephanshöhe oberhalb von Schellerhau, wo die Wiesen einen weiten Blick über das Osterzgebirge bieten. Vorbei an der Kirche von Schellerhau hinab in die tiefen Wälder vom Tal der Roten Weißeritz und nach deren Überquerung wieder bergauf nach Oberbärenburg.
Vom Bus-Wendeplatz in **Oberbärenburg**, 750 m, am Berghotel Friedrichshöhe vorbei und auf der Ahornallee ein kurzes Stück entlang, bis links ein grün markierter Weg in den Wald abzweigt. Dieser führt anfangs noch am Ortsrand entlang, kreuzt verschiedene Wege und führt gut markiert durch den Wald in einer ¾ Std. zur **Tellkoppe**, 750 m. Von diesem Rastplatz mit Schutzhütte hat man eine schöne Sicht über das Tal der Roten Weißeritz. Von dort steil hinunter, gleich über den Tellkoppenweg, weiter abwärts, später auf breiterem Weg. Wir kreuzen den Weg nach Buschmühle und kommen durch die Tellkoppenstraße hinab zur B 170, dort rechts Bahnhof und Bus-Haltestelle von **Kipsdorf**, 534 m.

Nach Überquerung der B 170 auf der Max-Reimann-Straße über die Rote Weißeritz. Danach rechts hinauf zu verschiedenen Einkehrmöglichkeiten, links jedoch auf markiertem Waldweg nach Bärenfels. Wir halten uns bei einer Kreuzung geradeaus, erreichen das Wiesengelände mit ersten Häusern und schließlich beim Parkplatz die von der B 170 heraufkommende Autostraße. Dort rechts zum Uhrenturm im **Kurort Bärenfels**, 560 m.
Am Uhrenturm rechts, dann in der Kurve der Alten Böhmischen Straße links in den **Hubertusweg**. Der grün markierte Fahrweg steigt anfangs stärker an und führt zum Waldrand. Wir treffen auf einen breiten Fahrweg, dem wir links über dem Pöbelbach südwärts folgen. Bei einer Kreuzung können wir in 5 Min. rechts zur **Putzmühle** (Einkehr) absteigen. Geradeaus zu einem Wendeplatz, dann stärker bergan und in einem Linksbogen auf die Wiesen mit Wegkreuzung knapp unterhalb der **Stephanshöhe**, 804 m. Weite Aussicht! Geradeaus zum Wiesenende, durch Buschwerk hinab zum Hotel Stephanshöhe und über die Hauptstraße beim **Gasthof Schellerhau**, 760 m.
Geradeaus auf dem Frillerweg zu einem Querweg, dem asphaltierten Matthäusweg (rechts der Friedhof mit Dorfkirche); wir gehen aber links weiter Richtung Oberbärenburg, dann gleich rechts ab auf dem Kirchsteig durch die Wiesen Richtung Wald bergan. Im lichten Wald halb links und wieder leicht bergab. Vom breiten Weg rechts steil durch Wald hinunter zur Roten Weißeritz, über diese und zur B 170, 650 m. Kurz rechts, dann links die Treppen hinauf und auf Fußsteig steil im Wald bergan. Immer der grünen Markierung folgend, treffen wir auf den breiten Heuweg und folgen diesem eben nach rechts zur Bus-Haltestelle von Oberbärenburg, 25 Min.

Botanischer Garten in Schellerhau.

32 Von Rehefeld nach Schellerhau und zurück

Durch tiefe Wälder zum Botanischen Garten von Schellerhau

Rehefeld – Grabenweg – Schellerhau – Schneise 28 – Rehefeld

Das Osterzgebirge ist bekannt für seine Blumenwiesen.

Ausgangspunkt/Ziel: Bus-Haltestelle Rehefeld Grenzweg, Linie 373 Altenberg – Rehefeld – Hermsdorf.
Gehzeiten: Rehefeld – Schellerhau 2¾ Std., zurück nach Rehefeld knapp 2 Std., insgesamt 4¾ Std. (17 km).
Höhenunterschied: Rund 250 Hm.
Anforderungen: Abgesehen von den Kurzanstiegen in den Flusstälern nicht anstrengend, gute Wege.
Einkehr: In Rehefeld und Schellerhau.
Sehenswürdigkeiten: Botanischer Garten von Schellerhau: Rund 1 000 Pflanzenarten aus dem Erzgebirge, Nordamerika und dem Hochgebirge.

Jagd und Forstwirtschaft waren die Haupterwerbsquellen der Einwohner von Rehefeld-Zaunhaus, nach dem Zweiten Weltkrieg auch der Fremdenverkehr. Umgeben von dichten Wäldern findet man hier Ruhe und im Winter beste Schneeverhältnisse. Noch heute prägt das 1869 im nordischen Stil errichtete ehemalige Jagdschloss das Ortsbild. Die Tour führt durch dichte Wälder, vermittelt aber auch eine weite Aussicht bei der Stephanshöhe.
Unweit der Bus-Haltestelle auf der Straße »Am Donnersberg« von der Talstraße, 680 m, ab und bergan. Dann rechts auf den **Alten Schulweg** und am Hang nordwärts. Über einen anderen Weg, dann rechts hinunter zur Talstraße, über die Wilde Weißeritz und links auf dem **Grabenweg** in den Wald. Der rot und gelb markierte Weg macht nach 5 Min. bei einem Haus am Waldrand eine Rechtskurve. Kurz danach links vom Hauptweg ab, dann oberhalb der Wilden Weißeritz talauswärts. Nach ½ Std. zweigt ein Weg zur Zinnbrücke ab, selbst folgen wir weiter dem Grabenweg. Wir ignorieren verschiedene Abstiegswege und folgen immer dem Talhang. ½ Std. später zweigt die rote Markierung bei einer Bank links ab und führt im Wald stärker abwärts. Nach 5 Min. erreichen wir den **Sandwiesenweg**, dort rechts. Von dem breiten Weg zweigt nach 5 Min. rechts ein ausgeschilderter, aber unmarkierter Waldweg ab, kreuzt die »Neue Straße« und setzt sich halb links als **»Eierkuchensteig«** fort. Bergab zum breiten **Pöbelbachweg**. Gegenüber gemäß Ausschilderung zum Bach hinunter und über ihn. Danach rechts bergan. Bei einer kleinen Quelle treffen wir auf einen Querweg, dort rechts aufwärts. Geradeaus über eine Kreuzung und auf Grasweg immer noch bergan. Schließlich trifft der Eierkuchensteig auf den grünen **Schmidtsteig**, ein breiter

Kammweg, ca. 790 m. Hier rechts auf das aussichtsreiche Wiesengelände hinaus. Vorbei an einer Schutzhütte, dann mittels Linksbogen durch die Wiesen zu einer Straßenkurve. Auf der Straße zum **Botanischen Garten**, dort Gasthof und Bus-Haltestelle der Linie nach Altenberg.
Vor dem Botanischen Garten rechts auf dem Zechenweg ab und mittels Rechtskurve zum Landweg. Nach seiner Einmündung links mit gelber Markierung weiter und vorbei an der Zufahrt zum Restaurant Berghof. Bald danach ist der Anstieg beendet und wir passieren einen Hubschrauber-Landeplatz. Der schöne Waldweg beschreibt eine Linkskurve und trifft dann nochmals auf die Straße, dort Bus-Haltestelle. Weiter auf **Schneise 28**, einem Schotterweg, der in Wellen ansteigt. Im Angesicht des Kahlebergs zur Autostraße Altenberg – Rehefeld. Gegenüber erst noch etwas aufwärts, dann leicht abwärts zu einer Kreuzung unterhalb vom **Kahleberg**, 850 m. Hier rechts auf dem blau bezeichneten Fahrweg im I-Flügel bergab. Nach Einmündung von zwei anderen Wegen treffen wir auf einen Querweg, dort links, vorbei am **Schwarzen Teich** und einem Rastplatz. Der Weg schlängelt sich durch den Wald und verläuft später neben dem Warmbach zurück nach Rehefeld, wo die zweite Abzweigung rechts zur Straßenkurve der Autostraße und zur Bus-Haltestelle führt.

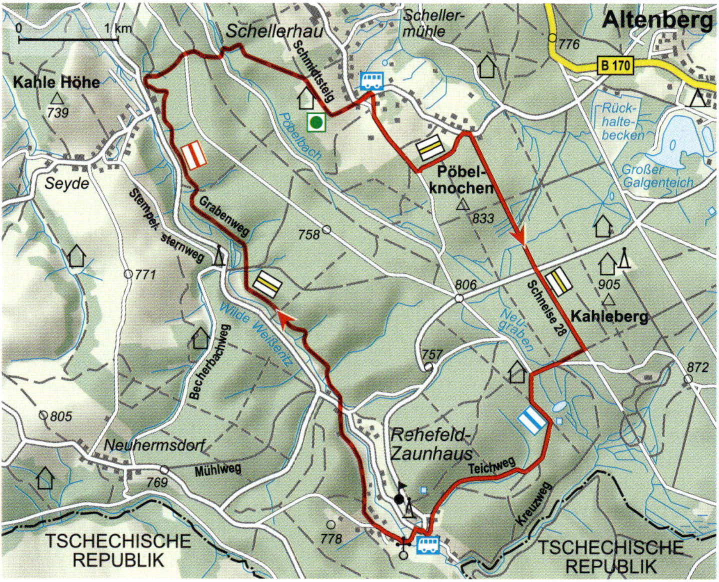

33 Georgenfelder Hochmoor und Kahleberg

Bergwerksromantik und bizarre Lugsteine

Altenberg – Kahleberg – Galgenteiche – Altenberg

Ausgangspunkt: Altenberg Bahnhof/ Bus-Bahnhof, Endstation der Müglitztalbahn von Heidenau (mit Anschluss nach Dresden). Sowie Ausgangspunkt zahlreicher Buslinien, u. a. Nr. 360 Dresden – Dippoldiswalde – Altenberg – Zinnwald.
Gehzeiten: Altenberg – Georgenfelder Hochmoor 1½ Std., weiter zum Kahleberg 1¼ Std. (mit Hochmoorweg, ohne Abstecher Lugsteine), Abstieg nach Altenberg 1¼ Std., insgesamt knapp 4 Std. (15 km).
Höhenunterschied: Ca. 180 Hm.
Anforderungen: Angenehme Wanderung mit allmählichen Aufstiegen.
Einkehr: Café Georgenfelder Hochmoor und Kahlebergbaude.
Sehenswürdigkeiten: In Altenberg s. Tour 34. Abstecher zum Besucherbergwerk »Vereinigt Zwitterfeld zu Zinnwald«, wo man seit 1686 Zinn- und andere Erze beiderseits der Grenzen abgebaut hat.

Das Biotop Georgenfelder Hochmoor steht seit 1926 unter Naturschutz und kann auf einem 1,2 km langen Bohlenweg besichtigt werden. Vom 12,5 ha großen Areal liegt der größere Teil in Böhmen. Hier gibt es seltene Pflanzen, darunter den Sonnentau. Auf der Nordseite liegen die bizarren Quarzporphyrklippen des Kleinen, 885 m, und des Großen Lugsteins, 893 m. Der Kahleberg, auf sächsischer Seite die höchste Erhebung des Osterzgebirges, bietet durch seine isolierte Lage einen weiten Rundblick. Die Galgenteiche zu seinen Füßen wurden im 16. Jh. als Wasserreservoir für den Bergbau angelegt und sind heute Freizeitreviere.
Vom **Bahnhof in Altenberg**, 757 m, auf der B 170 bis zur Abzweigung des Sonnenhofweges. Auf diesem rechts bergauf, dann links Richtung Waldschänke Raupennest, bei der nächsten Kreuzung geradeaus an einem Gedenkstein vorbei, bis von rechts ein Fahrweg kommt. Hier geradeaus zum Sonnenhof und hinab zur B 170, ½ Std. Diese überqueren und in eine Bach-

Georgenfelder Hochmoor.

senke hinab, geradeaus den **Mauswieselweg** hinauf, bei der folgenden Wegteilung halb links, dann auf Fahrweg links zu einer Kreuzung. Rechts auf dem rot markierten **Langegassenweg** im Wald abwärts. Nach 10 Min. erreichen wir eine Kreuzung unweit des Besucherbergwerkes. Rechts auf dem roten **Goldhahnweg** Richtung Georgenfeld. Vorbei am Tagesschacht zur Kreuzung mit der **Teplitzer Straße** (Bus-Haltestelle). Gegenüber auf dem Hochmoorweg weiter, über das Südportal des Straßentunnels der B 170 und an der Jugendherberge vorbei. Nach einem Parkplatz und einer Abzweigung zum Hotel Lugsteinhof, kommen wir zum **Café Hochmoor**.
Hier links auf dem Bohlenweg durchs Hochmoor (empfehlenswert) oder geradeaus auf dem Lugsteinweg weiter, in den der Moorweg wieder einmündet. Von der dortigen Schutzhütte kurzer Abstecher zu den bizarren **Quarzporphyrklippen** des **Kleinen Lugsteins**, 885 m. Westwärts jedoch zum Beginn der Gefällestrecke. Hier folgen wir rechts dem **Weckebrotweg** zur Schneise 30. Dort links, dann immer geradeaus, Kreuzungen ignorierend und durch eine Senke bis zum I-Flügel. Dann kommt von rechts ein blau bezeichneter Weg und führt geradeaus auf Schneise 30 zum **Kahleberg**, 905 m mit Bergbaude etwas unterhalb vom Gipfel.
Vom Gipfel auf dem Schneisenweg kurz zurück, dann links durch Gesteinstrümmer steiler hinab zu einem Fahrweg bzw. zur **Schneise 31**. Hier links zur Rehefelder Straße mit Parkplatz. Gegenüber weiter bis zum Neugraben, dort rechts zum **Großen Galgenteich**, 789 m, und links haltend zum Damm und einer Infotafel. An den Trinkwasseranlagen entlang und rechts auf dem roten **Viehtriftweg** weiter. An einem Feuchtbiotop und dem **Kleinen Galgenteich** vorbei, durch ein Campingplatzgelände und auf dem Schellhauser Weg nach Altenberg hinein. An seinem Ende links auf der Rehefelder Straße zur Kreuzung mit der B170 und zurück zum Bahnhof.

34 Auf den Geisingberg, 824 m

Östlichster 800er des Erzgebirges und berühmt für seine Wiesen

Altenberg – Geisingberg – Hirschsprung – Waldidylle – Buschmühle

Ausgangspunkt: Altenberg Bhf., Endstation der Müglitztalbahn von Heidenau (Anschluss nach Dresden) sowie Ausgangspunkt zahlreicher Buslinien.
Ziel: Buschmühle, 463 m, OT von Schmiedeberg, Bus-H. der Linie 360 Dresden – Altenberg – Zinnwald.
Gehzeiten: Altenberg – Geisingberg ½ Std., Geisingberg – Hirschsprung 1 Std., Hirschsprung – Waldidylle gut ½ Std, Waldidylle – Buschmühle 2 Std., insgesamt gut 4 Std. (ca.14 km).
Höhenunterschied: Rund 200 Hm.
Anforderungen: Überwiegend gute Wald- und Wiesenwege, zwei Anstiege.
Einkehr: Bergbaude Geisingberg und in Hirschsprung.
Sehenswürdigkeiten: Altenberger Pinge, ein 1624 durch Einsturz darunter liegender Stollen entstandener Krater mit 600 m Umfang; Bergbaumuseum (Schaustollen).

Wanderweg mit Geisingberg.

Kurzvariante: Abstieg nach Oberbärenburg und von dort Busrückfahrt, Wanderzeit dann 2½ Std. (ca. 9,5 km).

Ausgangspunkt ist die einst wichtigste Bergbaustadt des Osterzgebirges, Altenberg, seit Anfang des 20. Jh. auch Erholungs- und Wintersportort. Sie hat sich einen Namen durch die Ausrichtung internationaler Wintersportveranstaltungen gemacht. Die Rennschlitten- und Bobbahn zählt zu den modernsten der Welt. Ein beliebtes Wanderziel ist der Geisingberg, ein ehemaliger Vulkan mit Kegelform. Vom Gipfel genießt man einen der schönsten Ausblicke über das Erzgebirge bis ins Elbsandsteingebirge bzw. die Sächsische Schweiz. Den 18 m hohen Louisenturm erreicht man über 88 Stufen. Nicht minder besuchenswert sind die unter Naturschutz stehenden Geisingwiesen, wo man viele geschützte Pflanzen findet.
Vom **Bahnhof Altenberg** nordostwärts auf der Dippoldiswalder Straße, dann auf der Rathausstraße oberhalb der B 170 Richtung **Pinge**. Kurz nach der Sparkasse links die Marienstraße hinauf, weiter auf der Neustadtstraße und ab Stadtrand auf Fußweg in bisheriger Richtung zum Parkplatz Geisingberg. Dort rechts 5 Min. auf der Straße oberhalb der Pinge weiter und in einer Kurve links auf Fahrweg hinauf zu einer Kuppe; dann durch eine Senke zum Waldrand unterhalb des Geisingberges. Dort geradeaus und stärker ansteigend links haltend zum höchsten Punkt mit Aussichtsturm und Baude.
Vom Geisingberg zunächst mit weiß-blauer Markierung Richtung Geising

abwärts, nach 5 Min. jedoch geradeaus mit der grünen Bezeichnung Richtung Hirschsprung. Bei der Wegteilung am Bergfuß und Waldrand rechts über Wiesen abwärts zu einem Fahrweg und auf diesem durch ein Waldstück, wo man die Bahnstrecke überquert. Durch das **NSG Geisingwiesen**, vor dem Haus Wiesengrund rechts und gleich darauf links kurz bergan. Schließlich zur Autostraße und auf dieser rechts nach Hirschsprung. Vorbei am Park, dann stärker bergab ins Bielatal und zum **Hotel Ladenmühle**.

Nach der Ladenmühle links über die Biela und in einem Seitental bergauf. Der **Rotherdsteig** folgt einer Stromleitung, wendet sich nach Anstiegsende im Wald nach links und trifft auf einen von rechts kommenden Fahrweg. Auf diesem 150 m nach links, bis die grüne Markierung rechts abzweigt und von einer Kuppe hinab zur Straße am Rand der **Siedlung Waldidylle** führt.

Nach Straßenüberquerung gegenüber links auf dem Querweg Richtung Oberbärenburg mit gelber Bezeichnung abwärts. Vor Erreichen der ersten Häuser zweigen wir rechts auf rot markierten Weg zum **Langen Grund** ab. Bei der folgenden Gabelung nicht in den Talgrund abwärts sondern rechts auf dem am Hang im Wald verlaufenden **Tiroler Weg** weiter. Dieser geht Seitentäler aus und kreuzt Nebenwege. Schließlich trifft man auf den asphaltierten **Fallbachweg** und folgt diesem links zur Autostraße. Auf dieser zur B 170 beim Haltepunkt **Buschmühle** der Schmalspurbahn bzw. auch Bus-H. im Tal der Roten Weißeritz (siehe unter Kipsdorf, Tour 31).

35 Von Geising nach Lauenstein

Altes Geising, viele Aussichten und Schlossromantik in Lauenstein

Geising – Geisingberg – Lauenstein – Geising

Ausgangspunkt: Geising Bahnhof an der Müglitztalbahn Heidenau (hier Anschluss von/nach Dresden) – Altenberg, ferner Haltestelle der Buslinien 367 Kurort Kipsdorf – Schellerhau – Altenberg – Zinnwald – Geising und 368 Altenberg – Geising - Fürstenau – Lauenstein – Glashütte.
Gehzeiten: Geising – Geisingberg ¾ Std., Geisingberg – Lauenstein gut 2¼ Std., Lauenstein – Geising gut 1¼ Std., insgesamt knapp 4½ Std. (14 km).
Höhenunterschied: Fast 500 Hm.
Anforderungen: Anstrengend durch drei Anstiege, jedoch gute Wege.
Einkehr: Unterwegs in der Bergbaude Geisingberg und in Lauenstein.
Sehenswürdigkeiten: In Geising ist besonders das Saitenmacherhaus erwähnenswert, ein barocker Fachwerkbau von 1688, ferner die Kirche, 1484–1513 erbaut. Wahrzeichen vom Stadtteil Lauenstein ist der Falknerbrunnen von 1912 auf dem Marktplatz. Auf einem Felssporn erhebt sich kühn und malerisch die Renaissance-Schlossruine aus dem 13. – 15. Jh. Hier findet man ein Heimatmuseum, u.a. mit einer Ausstellung zu den hier typischen Postmeilensäulen. Beliebt sind auch Falknervorführungen und Schlosskonzerte. Ein spätgotisches Kleinod ist die Pfarrkirche mit einer prächtigen Innenausstattung, darunter Altar, Taufe und Kanzel, einzigartige Sandsteinarbeiten, ferner die Jehmlich-Orgel und die Deckenfresken. An der Straße zwischen Geising und Lauenstein liegt der Wildpark Osterzgebirge mit zahlreichen heimischen Tieren.
Kurzvariante: Vom Geisingberg Abstieg zum Wildpark, von dort Rückfahrt mit Zug (Station Hartmannmühle), 2¼ Std., (9 km).

Das Schloss in Lauenstein.

Kreuzung mit Sommerlinde östlich vom Geisingberg.

Geising zählt mit seinen ländlichen Ortsteilen heute 3 600 Einwohner, liegt zwischen dem Geisingberg, 824 m, im Norden und der Kohlhaukuppe, 786 m, im Süden und weist ein hübsches, altes Stadtbild auf. Der Tourismus spielt im Sommer wie im Winter eine bedeutende Rolle. Bekannt ist auch der Ski- und Eisfasching mit einem großen Umzug. Der Geisingberg ist uns schon von der vorherigen Wanderung bekannt. An- und Abstieg erfolgen bei dieser Tour aber auf anderen Wegen. Weitere Höhepunkte sind die vielen Aussichtspunkte sowie die Sehenswürdigkeiten in Lauenstein.

Vom **Bahnhof in Geising**, 590 m, nordwärts parallel zu den Bahngleisen zur Altenburger Straße, dort nach links über die Eisenbahnbrücke und gleich danach auf der gegenüberliegenden Straßenseite rechts neben der tiefer liegenden Bahnstrecke weiter. Der Fahrweg setzt sich als Wanderweg fort, der von den Bahngleisen weg ins NSG um den Geisingberg führt. Vom weiß-blau bezeichneten Weg haben wir weiter oberhalb von einem Wiesengelände eine schöne Aussicht. Weiter im Wald zu einer Wegkreuzung, dort links zum Geisingberg. Bei der nächsten Wegkreuzung geradeaus, bei der darauf folgenden Kreuzung nach weiteren 10 Min. rechts bergauf. Unterhalb des Gipfelaufbaus erreichen wir erneut eine Gabelung, wo es links zum Gipfel hinauf geht. Von dort erreichen wir in 5 Min. den **Geisingberg**, 824 m, mit Bergbaude und Louisenturm.

Vom Geisingberg auf breitem Weg Richtung Altenberg abwärts. In einer Kurve geht es geradeaus nach Geising zurück und rechts Richtung Altenberg bergab. Kurz danach, am Waldrand rechts weiter (Schild Sachsenhöhe, grüne Markierung). Am Fuß des Gipfelaufbaus nordwärts weiter, bis links der Weg nach Hirschsprung abzweigt. Dort geradeaus und bei der nächsten Abzweigung links. Bald haben wir linker Hand eine schöne Aussicht, und es folgt ein Stück stärkeren Abstiegs, teils über die hübschen Geisingwiesen, teils durch Wald. Nach weiteren 20 Min. treffen wir auf einen anderen Weg, hier links Richtung Sachsenhöhe. Anschließend nochmals durch schöne Bergwiesen, bei einem Hochsitz geradeaus und im einsamen Wald **»Mendes Busch«** zu einem anderen Hochsitz. Von dort rechts im Wald abwärts zur Eisenbahnstrecke Altenberg – Heidenau. Gleich danach treffen wir auf die **»Hohe Straße«** und folgen ihr gemäß grüner Bezeichnung nach rechts. Am Waldrand in einer S-Kurve weiter abwärts und mittels Baumallee durch Wiesen weiter zu einer Wegkreuzung mit schöner Sommerlinde, 597 m. Von hier geht es rechts in ¼ Std. hinab zum Wildpark (1km). Geradeaus über Wiesen wieder bergan zu einer Weggabelung mit einfacher Schutzhütte. Hier rechts wieder in den Wald zu einer weiteren Gabelung. Erneut rechts durch ein altes Bergbaugebiet unterhalb der Sachsenhöhe, 632 m, mit alten Einbrüchen und Pingen. Man achte aus Sicherheitsgründen auf den Weg! Am Wald-Wiesenrand passieren wir wieder einen Rastplatz und erreichen eine Abzweigung im Wiesengelände. Dort rechts auf nun rot bezeichnetem Weg durch Wald und Wiesen stärker bergab ins Müglitztal. Bei den ersten Häusern treffen wir auf einen Asphaltweg, der zur

Falknerbrunnen Richtung Schlosseingang in Lauenstein.

Dresdner Straße führt. Auf ihr kurz nach rechts zum **Bahnhof von Lauenstein**, auch Bus-Haltestelle, 471 m. Dort mündet das Rotwasser in die Müglitz. Links in die Talstraße, dann in einer Straßenkurve vor der Müglitzbrücke geradeaus auf der Bahnhofstraße hinauf mit schönem Blick vom Schloss bis zum Rathaus. Dort nach links ins Ortszentrum, 525 m.
Vom **Rathaus** auf dem blau-weiß bezeichneten Fahrweg bergan, aus Lauenstein heraus und im Wiesengelände zu einem Rastplatz mit Winterlinden am Ende des steilen Anstiegs. Schöner Rückblick auf Lauenstein! Über eine kleine Anhöhe zu einer Kreuzung, wo rechts ein Weg zum Wildpark hinabführt. Geradeaus zu einer Schutzhütte an der Schafkuppe. Noch wenig im aussichtsreichen Gelände bergan zum höchsten Wegpunkt etwas unterhalb der **Schafkuppe**, 686 m, dann abwärts auf schönem, von Bäumen gesäumtem Grasweg zum Wald und zu einer Gabelung, wo die blau-weiße Markierung geradeaus ins Tal hinabführt. Wir folgen jedoch der grünen Bezeichnung nach links Richtung Kohlhaukuppe und gehen oberhalb von Geising den Hang querend weiter. Nach rund 10 Min. zweigt im Wald ein unbezeichneter Weg nach rechts unten ab und führt am Waldrand zu einem anderen von rechts kommenden Weg. Geradeaus aus dem Wald heraus, dann gegenüber von Haus Nr. 9 rechts den Asphaltweg hinunter, über die Enge Gasse (mit der blau-weißen Markierung von Lauenstein) und den Hüttenbach zur Hauptstraße. Auf dieser kurz nach links und gleich rechts zum Bahnhof.

36 Zum Schneckenstein, 880 m, einzigartiger Topasfelsen

Balkon des Vogtlandes und Schauflößerei

Schöneck – Talsperre Muldenberg – Schneckensteinfelsen – Muldenberg – Schöneck

Ausgangspunkt/Ziel: Schöneck Bhf. an der Strecke Zwickau – Falkenstein – Zwotental – Kraslice (Graslitz) bzw. Plauen – Falkenstein – Zwotental – Adorf der Vogtlandbahn.

Gehzeiten: Schöneck – Talsperre Muldenberg 1½ Std., weiter zum Schneckensteinfelsen 1¼ Std., Abstieg nach Muldenberg 1¼ Std., zurück nach Schöneck 1¼ Std., insgesamt 5¼ Std. (21 km).

Höhenunterschied: Rund 220 Hm.

Anforderungen: Ausdauer erfordernde lange Tour, gute Waldwege, nur ein kurzer steiler Anstieg zur Schneckenstein-Aussicht.

Einkehr: Bahnhofsgaststätte in Schöneck und weitere im Ort bzw. im IFA-Ferienpark, in der Schneckensteinklause sowie in Muldenberg.

Sehenswürdigkeiten: Der Schneckensteinfelsen, 36 m hoch und 12 m breit steht seit 1937 als geologisches Naturdenkmal unter Schutz – in der gleichen Gesteinszusammensetzung gibt es nur noch einen weiteren Felsen in Tasmanien (Australien). Von 1734 bis zum Ende des 18. Jh. wurden hier die weingelben oder farblosen Topassteine abgebaut, die die Krone der englischen Königin schmücken, und dabei 2/3 des Felsens abgetragen. Ein weiteres Naturdenkmal befindet sich in Schöneck, nämlich der 734 m hohe Aussichtsfelsen Alter Söll, einst Standort einer Burg. Weitere Sehenswürdigkeiten der Stadt sind das Rathaus, 1923 im neobarocken Stil errichtet, die Pfarrkirche St. Georg von 1491 und die Heimatstube mit Exponaten zur Stadtgeschichte.

Der Muldental-Stausee von der Schneckenstein-Aussicht gesehen.

Schöneck ist die höchstgelegene Stadt des Vogtlandes, zählt heute 4 000 Einwohner und erstreckt sich auf einer Hochfläche zwischen 680 m am westlichen Ortsrand und 770 m im Osten, mit der das Erzgebirge im Westen ausläuft. Man nennt sie auch »Balkon des Vogtlandes«, da man von der Hochfläche eine ungehinderte Sicht auf ein Gebiet von ca. 2000 qkm hat. Auch bei Wintersportfreunden beliebt, ist sie Ausgangspunkt der sogenannten Kammloipe, die bis nach Johanngeorgenstadt führt. Die Wanderung führt an der Trinkwassertalsperre Muldenberg vorbei, die von 1921-25 erbaut wurde und deren Sperrmauer mit 525 m Länge eine der längsten Bruchsteinmauern Europas ist. Ein kurzes Stück folgt der Weg dem alten Floßgraben (siehe Tour 37), eine fantastische Aussicht genießt man von der Schneckenstein-Aussicht. Im Dorf Muldenberg finden im Sommer äußerst beliebte Schauflößveranstaltungen auf einem Teilstück des Unteren Floßgrabens statt.

Vom **Bahnhof**, 767 m, südwärts bis über die Klingenthaler Straße, dann halb links auf der Straße »Am Stadtpark« weiter. An der Jugendherberge vorbei, vor dem Gasthaus Sportlerheim rechts, dann in einem Linksbogen um das Sportgelände herum und hinauf zum **IFA-Ferienpark** (schöner Rückblick nach Schöneck). Nach links über die Bahnbrücke und vorbei an Parkplätzen zu einem Verkehrskreisel. Dort über die Straße, gegenüber auf einem Fußweg Richtung Meilerhütte weiter, der parallel zur nach Zwota führenden Autostraße im Wald ostwärts führt. Dann erreicht man Wiesengelände und kreuzt bei einem Haus einen anderen Weg. Erneut im Wald trifft man auf einen weiteren Querweg, hält sich dort rechts und erreicht vor der Autostraße den blau markierten FWW E3. Im Wald leicht ansteigend und Nebenwege kreuzend kommt man am **Neuwaldteich** vorbei, kreuzt die

Der Schneckenstein, einzigartiger Topasfelsen.

Kammloipe und erreicht die Abzweigung eines gelb bezeichneten Weges. Hier rechts im Wald weiter, erneut die Kammloipe berührend, bis man auf einen Damm über die Weiße Mulde am Südende des Stausees kommt und danach einen überdachten Rastplatz erreicht.
Wenig später trifft man auf einen Querweg, hier kurz links, dann gleich rechts gemäß blauer Markierung über den **Floßgraben** zum romantisch gelegenen **Sauteich**, den man mittels kleinem Abstecher erreicht. Von dort über Brücken (darunter Floßrutschen) hinauf zur Autostraße, diese überqueren, kurz rechts und oberhalb des Kielfloßgrabens auf einem Fußweg bis zum **Parkplatz Hauptwasserscheide**, 770 m. Hier zweigt links ein grün bezeichneter Weg bergauf ab und erreicht nach 20 Min. eine Weggabelung. Dort rechts, bei der nächsten Gabelung links, bis zu einer weiteren Wegteilung unterhalb der alten Bergbauhalde, dort rechts 150 m steil hinauf zur Aussichtsplattform und Aussichtsbänken mit weiter Rundsicht. Von der **Schneckenstein-Aussicht** wieder zum Fuß der Bergbauhalde hinab, geradeaus zur Autostraße und auf dieser nordwärts weiter. Nach 10 Min. trifft man auf eine Straßengabelung; links kurzer Abstecher zur Schneckensteinklause, rechts auf rot bezeichnetem Waldweg zu einem breiten Schotterweg und nochmals rechts zum **Schneckensteinfelsen**, 880 m.
Auf rot bezeichnetem Fußweg Richtung Muldenberg westwärts, der dann wieder auf den Fahrweg trifft, dort rechts zur Kreuzung unweit der Siedlung Schneckenstein mit der Schneckensteinklause, dort geradeaus auf der anfangs asphaltierten Siedlungsstraße westwärts. Man folgt der roten Markierung, kommt allmählich abwärts und erreicht dann die Abzweigung »Am Pfaffenstein«, 775 m; dieser liegt 100 m abseits im Wald. Hier geht rechts ein gelb bezeichneter Weg nach Hammerbrücke ab, selbst folgt man weiterhin der roten Markierung, die unter Kreuzung von Nebenwegen schließlich auf die »Alte Hammerbrücker Straße« trifft. Auf dieser nach links, aus dem Wald heraus zu einer Straßenkreuzung in **Muldenberg**, links davon das Restaurant Flößerstube.
Auf der Straße Richtung Schöneck weiter, über die Bahnlinie mit Bahnhof, vorbei am Gh. Bergschlösschen, dann auf einer Anhöhe nach dem Ortsende-Schild links von der Straße ab und zu einem überdachten Rastplatz mit

Sicht auf die Talsperre. Dann in den Wald, auf Querweg unweit der Autostraße links, dann rechts neben der Bahnstrecke entlang, bis man eine Kreuzung erreicht. Hier geradeaus auf der von links kommenden gelben Markierung weiter. Diese zweigt nach 5 Min. rechts ab, während man selbst geradeaus weitergeht und gleich danach auf dem ersten Weg links abzweigt, unmarkiert eine Lichtung passiert und dann auf eine zweite mit dem **Vogtlandhaus** vom DAV, 748 m, trifft. Dort über einen Bahnübergang, dann nach rechts und immer dem Weg neben der Bahnstrecke bis zu einem Querweg unweit einer Bahnbrücke folgen. Dort links zu einer Schutzhütte, dann gemäß grüner Markierung nach rechts; diese zweigt bald wieder links ab, während man geradeaus zu einer Querstraße vor der Bahnlinie kommt, dort links zum bereits sichtbaren Bahnhof von Schöneck zurück.

Das Rathaus in Schöneck.

37 Aschberg-Aussichtsturm, 917 m

Floßgraben, Skizentrum Mühlleithen und Aussichtsturm

Klingenthal – Brunn-Döbra – Mühlleithen – Aschberg Aussichtsturm – Friedenshöhe – Klingenthal

Ausgangspunkt/Ziel: Klingenthal Bahnhof an der Strecke Zwickau – Klingenthal - Kraslice (Graslitz), ferner Haltestelle diverser Bus-Linien, darunter Nr. 79 von/nach Mühlleithen – Auerbach und Linie 48 vom/zum Grenzübergang Friedenshöhe.
Gehzeiten: Klingenthal – Mühlleithen 2¼ Std., Mühlleithen – Aschberg Aussichtsturm knapp 1 Std., Aschberg Aussichtsturm – Klingenthal 1¾ Std., insgesamt 5 Std. (19 km).
Höhenunterschied: Ca. 400 Hm.
Anforderungen: Anstrengend durch insgesamt 400 Hm Anstieg, die sich allerdings auf eine lange Strecke verteilen.
Einkehr: Verschiedene im Zentrum von Klingenthal, unterwegs im Stadtteil Brunn-Döbra, in Mühlleithen, am Aschberg und unweit der Friedenshöhe.
Sehenswürdigkeiten: Im Bahnhofsgebäude befindet sich eine Eisenbahnausstellung mit Exponaten, Schrift- und Bildmaterial aus der Eisenbahngeschichte. Bedeutendste Sehenswürdigkeit ist die achteckige, 1737 erbaute Rundkirche »Zum Friedefürst« mit mehrfach geschwungenem Schieferdach und einer Zwiebelkuppel in 45 m Höhe, wo auch Kirchenkonzerte stattfinden. Beliebt auch der Tierpark, in dem man über 400 einheimische und exotische Tiere findet, u.a. Grizzlybären. Außerdem Schaumanufaktur für Akkordeon und Harmonika, wo man hautnah die Herstellung dieser Instrumente sehen und die älteste Geigenbauwerkstatt der Gegend sehen kann, ferner Musik- und Wintersportmuseum mit alten Musikinstrumenten, Dokumenten zum Musikinstrumentenbau und Exponaten zur Entwicklung des Wintersports in Mühlleithen-Aschberg.
Kurzvarianten: Rückfahrt per Bus von Mühlleithen, dann nur 2¼ Std. (9km) oder vom Grenzübergang Friedenshöhe 3½ Std. (14 km).

Blick auf Brunn-Döbra.

Klingenthal liegt im Oberen Vogtland, zählt 10 000 Einwohner und erstreckt sich vom Tal der Zwota im Süden 7 km bis zum Stadtteil Mühlleithen im Norden. Sie trägt den Beinamen »Musikstadt« wegen der Produktion von Musikinstrumenten und des Internationalen Akkordeonwettbewerbs im Mai. Dank der guten Wintersportmöglichkeiten im Bereich Mühlleithen – Aschberg ist sie ein beliebtes Winterziel und Austragungsort von Skiwettbewerben. Auf der Wanderung lernen wir ein technisches Denkmal kennen, den Floßgraben. 1631/2 ursprünglich zum Holztransport erbaut, dient der 7 km lange Graben Mühlleithen – Muldenberg heute der Trinkwasserzufuhr der dortigen Talsperre. Rund 400 m über dem Zentrum von Klingenthal bietet der Aschberg-Aussichtsturm an den Abhängen des Kamenáč (Steinberg), 936 m, eine einzigartige Weitsicht und Tiefblick ins Tal. Er wurde 1999 errichtet und befindet sich hinter der Jugendherberge direkt an der Grenze in einer Höhe von 917 m. Der Otto-Hermann-Böhm-Turm besteht aus einem Stahlgerüst mit Holzverkleidung. Seine Höhe beträgt 32 m, und die Aussichtsplattform erreichen wir über 154 Stufen. Unterhalb des Turmes liegt die Streusiedlung Aschberg, die ihren Namen vermutlich durch die Pottasche erhielt, die zur Herstellung in einer Glashütte benötigt wurde.
Beim **Bahnhof Klingenthal**, 553 m, links gemäß roter Markierung durch die Schlossstraße aufwärts, dann links die Kirchstraße weiter, an der zuvor erwähnten Rundkirche vorbei bis zum **Tierpark**, ¼ Std. Auf Schotterweg weiter, am Ende einer Gartenkolonie Abzweigung einer grünen Markierung. Geradeaus aber mit roter Bezeichnung hinauf zu einem Wiesenbuckel (Aussicht!), von dort wieder abwärts, an einem Friedhof vorbei, danach über zwei Kreuzungen und dann auf dem **Kohlenweg** durch das Wiesengelände quer

Die Rundkirche in Klingenthal.

am Hang Richtung **Brunn-Döbra**. Bei den ersten Häusern treffen wir auf eine Asphalt-Querstraße, folgen ihr nach rechts bis zum Brückenweg, der erst links zurück und dann über die Dorfbrücke zur dortigen Talstraße bei einer Bus-Haltestelle und dem Gasthof Goldberg führt. Gegenüber weiter, gleich links auf Asphaltweg, dann rechts durch Wiesen zum Waldrand empor, zu einem schönen überdachten Rastplatz. Im Wald aufwärts bis zu einem Querweg. Auf diesem Fahrweg links weiter und leicht ansteigend zu einer Schutzhütte am **Floßgraben**. Nun nicht hinter dem Graben auf dem breiten Floßgrabenweg weiter, sondern davor gemäß grüner Bezeichnung rechts ab. Wir folgen dem Floßgraben zum Aussichtspunkt **Hirschenstein**, 805 m, mit Wegteilung, oberhalb der Kleinen Aschbergschanze. Nach links mit grüner Markierung weiter entlang des Floßgrabens, schließlich rechts hinunter zum Damm des **Unteren Floßteiches**, 815 m, im Wald weiter, bis zu einem Asphaltfahrweg (dort links zum Waldhotel Vogtland mit Restaurant) und rechts zur B 283, die wir bei einem Parkplatz und einer **Sommer-Rodelbahn** erreichen. Neben ihr nach links, vorbei an der Bus-Haltestelle bis zur **Passhöhe**, 880 m, auf dem Hauptkamm des Erzgebirges.

An der Passhöhe rechts auf einen breiten Waldweg ab (Abstecher nach links zum Restaurant vom Ferienhotel oder zum Gasthof Skiklause). Dieser breite Fahrweg führt auf der Kamm-Nordseite ostwärts und trifft dann auf den rot bezeichneten EB-Weg; hier rechts, vorbei an einem Rastplatz mit Quellwasserbecken zur **Kammhütte**, 866 m, an einer Wegkreuzung. Geradeaus weiter bergauf, unmittelbar vor der Grenze zweigt nach links der Schwertweg ab. Rechts von der Grenze weiter bergan zur Kammhöhe, dann in einem Rechtsbogen von der Grenze weg, bei der nächsten Abzweigung links zu einer Asphaltstraße, der wir links bis zum **Aussichtsturm**, 917 m, mit der Jugendherberge folgen.

In bisheriger Richtung auf markiertem Schotterweg an Einzelhäusern vorbei abwärts, dann in einer Rechtskurve links vom breiten Weg ab und auf Fußweg entlang der Grenze weiter. Vorbei an einer aussichtsreichen Ruhebank geht es stärker bergab, und wir treffen auf einen breiten Weg, der gleich eine

Rechtskurve macht. Hier links auf Stufen hinab zum Hotel-Restaurant Waldgut (wenig weiter rechts das Gasthaus Aschbergschänke). Links vom Hotel auf Fußweg weiter an der Grenze entlang abwärts, bis zu einer Autostraße. Auf dieser nach links zum **Grenzübergang Friedenshöhe** (nur für Fußgänger, auf der böhmischen Seite Einkaufsmöglichkeit), Bus-Haltestelle (Linie 48 vom/zum Bahnhof Klingenthal). Gleich danach zweigt rechts die Zollstraße ab (Abstecher zum Gasthof Friedenshöhe, weithin bekannt durch seinen Sauerbraten), geradeaus aber zum Bus-Wendeplatz und dort links auf dem Kammweg weiter. Auf diesem kommt man schon bald zum Panoramablick mit Schutzhütte. In bisheriger Richtung auf dem Kammweg weiter, bis von dem Asphaltweg rechts eine grüne Markierung abzweigt. Durch Wiesen zu einer Anhöhe, vor dem Gelände eines Hundezüchtervereins links durch ein kurzes Waldstück, dann durch Wiesen auf die Häuser und eine Weggabelung zu. Dort rechts hinunter, mittels S-Kurve stärker bergab, wieder durch etwas Wald, bis in einer Linkskurve von rechts ein Weg einmündet (hier weite Aussicht!). Südwärts weiter, an zwei Abzweigungen vorbei, dann nochmals zu einer Anhöhe hinauf, bis links die Waldgutstraße heraufführt. Selbst folgen wir weiterhin der **Untersachsenberger Straße**, die in eine Querstraße einmündet, auf der wir nach rechts die B 283 erreichen. Nach deren Überquerung gegenüber durch die Kreuzstraße weiter, dann links auf der Wilhelmstraße zum Marktplatz, in bisheriger Richtung die Schulgasse weiter und nach dem Gasthaus Zur Alten Schule rechts zum Gasthof »Zur Post« und durch die Poststraße zur Bahnhofstraße, der wir halb rechts zum Bahnhof von Klingenthal folgen.

Unterer Floßteich.

38 Vysoky kámen (Hoher Stein), 774 m

Lange vergessener Gipfel auf der böhmischen Seite des Elstergebirges

Klingenthal – Vysoky kámen (Hoher Stein) – Wernitzgrün Grenze – Markneukirchen – Siebenbrunn

Ausgangspunkt: Klingenthal Bhf. an der Strecke Zwickau – Klingenthal – Kraslice

Hoher Stein.

(Graslitz), auch Haltestelle der Buslinie 30 von/nach Markneukirchen.
Ziel: Siebenbrunn Bhf. an der Strecke Adorf – Zwotental – Plauen, Rückfahrt nach Klingenthal mit Umsteigen in Zwotental.
Gehzeiten: Klingenthal – Vysoky kámen (Hoher Stein) 2½ Std., weiter zum Grenzübergang Wernitzgrün 1¼ Std., dann nach Markneukirchen 1¼ Std., von dort nach Siebenbrunn ½ Std., insgesamt 5½ Std. (21,5 km).
Höhenunterschied: Rund 260 Hm.
Anforderungen: Eine Ausdauer verlangende lange Wandertour auf guten Wegen, mäßige An- und Abstiege.
Einkehr: Klingenthal, Markneukirchen und Bahnhofgaststätte von Siebenbrunn.
Kurzvarianten: Rückfahrt per Bus (Linie 30 von der Zentral-H.) von Markneukirchen nach Klingenthal, dann nur 4½ Std. (19,5 km) oder bereits ab Wernitzgrün mit Buslinie 47 nach Markneukirchen, dann nur 4 Std. (15,5 km).
Sehenswürdigkeiten: Klingenthal siehe Tour 37, Markneukirchen siehe Tour 49.

Der Vysoky kámen (Hoher Stein) ist ein äußerst lohnender Aussichtsberg mit bizarrem Gipfelaufbau, der im Schatten der Staatsgrenze liegend lange unzugänglich war. Er ist aus Grauwackenquarzit aufgebaut, fällt nach Norden relativ steil ab und bietet einen imposanten Blick ins Vogtland, über das restliche Elstergebirge weit nach Böhmen, zum Fichtelgebirge, Frankenwald und Thüringer Schiefergebirge. Heute steht das Gebiet unter Naturschutz,

früher wurde die grandiose Naturkulisse jedoch auch für Theaterstücke benutzt. Nach dem Zweiten Weltkrieg lag der Gipfel im Sperrgebiet, heute ist er durch den Grenzübergang bei Wernitzgrün auch von deutscher Seite wieder leicht erreichbar. In Kostelní (Kirchberg) findet man geheimnisvolle Reliefs an der alten Kirche. Luby (Schönbach), das auf der Wandertour nicht direkt berührt wird, ist ein alter Geigenbauort mit Geigenbaufachschule.

Vom **Bahnhof Klingenthal**, 553 m, nach rechts an den Bus-H. vorbei und auf der Bahnhofstraße bis zur B 283 vor einer Brücke. Auf ihr kurz nach links und gleich wieder rechts ab zum Grenzübergang Richtung Kraslice (Graslitz). Auf der tschechischen Seite kurz vor dem **Grenzmarkt** (links ein kleiner Teich) rechts von der Autostraße ab und über die Bahnlinie (überdachter Rastplatz). Auf dem nun unmarkierten Fahrweg geht es in einem Nebenbachtal der Zwota einwärts. Schon bald zweigt links eine Wegvariante über den Bach ab, man steigt jedoch weiterhin auf der Nordseite an. Dann mündet die Wegvariante von links wieder ein, und 100 m später zweigt man auf einem Nebenweg nach links zum Bach ab.

Dieser führt nach Bachüberquerung ein Stück an diesem entlang und biegt dann mittels Linksbogen in ein Seitental ein, wobei man an den Bäumen teils markierungsähnliche, weiße Balken findet. Durch einsamen Wald steigt man höher, trifft auf einen Querweg, dem man nach links folgt, und bald darauf auf einen breiten Fahrweg mit einer roten,

Blick vom Hohen Stein Richtung Norden.

von Kraslice (Graslitz) kommenden Markierung. Hier mit roter Bezeichnung nach rechts durch den einsamen Wald unterhalb des **Počátecký** (Ursprungberg) weiter, bis man am Waldrand auf eine wenig befahrene Autostraße trifft. Auf ihr nach rechts. Nach einer Wegkreuzung macht die Straße eine Rechtskurve. Hier links auf einem breiten Waldweg bis zu einer Lichtung. Die Markierung zweigt hier rechts vom Hauptweg ab und führt auf einem Pfad bald aus dem Wald heraus, durch Wiesen auf die nächste Baumgruppe zu und von dort halb rechts Richtung Stromleitung, wo man einen Weg kreuzt. Entlang der Stromleitung durch Gebüsch weiter, vorbei an einem Einzelhaus, dann auf breiterem Weg zu einer Asphaltstraße und auf dieser rechts nach **Kostelní** (Kirchberg) zum Dorfplatz mit Bus-H. und Kirche. Nach links auf der Straße weiter, die dann auf eine Querstraße trifft, dort rechts, gleich aber links auf einen Schotterweg Richtung Häusergruppe. Nach 10 Min. erreicht man eine Weggabelung, hält sich links und erreicht den Waldrand. Dort gemäß roter Markierung nach rechts vom Hauptweg weg, trifft man in Kürze auf einen Fahrweg unterhalb des Gipfels. Gegenüber in Kürze zum **Gipfel**, 773 m, hinauf.
Vom Gipfel südwärts hinab zum Fahrweg, kurz danach über eine Kreuzung, dann die Waldschneise entlang. Rückblick zum Gipfel! Am folgenden Waldrand nicht links auf das Wiesengelände hinaus, sondern auf Pfad am Waldrand bzw. durch Gebüsch weiter. Vor dem Wiedereintritt in den Wald führt der jetzt breitere Weg markiert in bisheriger Richtung weiter. Man passiert einen kleinen Teich und erreicht die Wegkreuzung **Trislava**, 647 m, mit Infotafel und überdachtem Rastplatz. Geradeaus abwärts zur Autostraße,

580 m, die linker Hand nach **Luby** (Schönbach) führt. Auf dieser rechts (blaue Markierung) leicht aufwärts zum Grenzübergang (nur Fußgänger und Radfahrer), 652 m.

Auf deutscher Seite durch ein ehemaliges Ferienheim zum Waldrand oberhalb von **Wernitzgrün** mit Parkplatz. Bei der Kurzvariante geradeaus ins Dorfzentrum weiter, sonst links auf rot und gelb markiertem Weg am Waldrand entlang. Bald auf gelber Bezeichnung nach rechts durch die Wiesen. Dann trifft man auf einen breiten Fahrweg und folgt diesem rechts zu einer Straßenkreuzung am Ortsrand von Wernitzgrün. Gegenüber wieder in den Wald, dort rechts vom Schotterweg ab bis zum Waldrand, dort links, bis man in der Senke **Bärenwinkel** auf eine grüne Markierung trifft, der man folgt. Nach Kreuzung einiger Querwege kommt man an den Waldrand und erreicht eine Anhöhe, von der es zur **Siedlung Berghäuser** leicht bergab geht. Man trifft auf eine Straße, folgt dieser geradeaus, bei der folgenden Gabelung links bis zur Bus-Haltestelle. Hier rechts in die Bergstraße, die mittels 15% Gefälle aussichtsreich nach Markneukirchen zum Roten Markt hinabführt. Dort in bisheriger Richtung ins Zentrum und zur Bus-H. oder links durch die Straße »Bienengarten« vorbei am **Musikinstrumentenmuseum** zu einer Kreuzung, weiter westwärts auf der Straße »Leithen«. An ihrem Ende auf einem Fußweg weiter, oberhalb ein Firmengelände querend, danach durch eine Senke und in bisheriger Richtung auf Nebenweg bis zu einer Straßenkurve. Hier in Kürze geradeaus zum Bahnhof von **Siebenbrunn**, 471 m.

Bizarre Felsformationen im Gipfelbereich des Hohen Steins.

39 Über die Friedenshöhe nach Böhmen

Ins Zentrum des böhmischen Musikinstrumentenbaus

Klingenthal – Friedenshöhe – Bublava (Schwaderbach) – Olověný vrch (Bleiberg) – Kraslice (Graslitz)

Ausgangspunkt: Klingenthal Bhf. an der Strecke Zwickau – Klingenthal – Kraslice.
Ziel: Kraslice (Graslitz) Bahnhof.
Gehzeiten: Klingenthal – Friedenshöhe 1¼ Std., weiter nach Bublava (Schwaderbach) ¼ Std., Aufstieg zum Olověný vrch (Bleiberg) ½ Std., Abstieg nach Kraslice 1¼ Std., insgesamt 3¼ Std. (13 km).
Höhenunterschied: Rund 250 Hm.
Anforderungen: Gute, meist breite Wege.
Einkehr: Unweit der Friedenshöhe im gleichnamigen Gasthaus, in Bublava (Schwaderbach) und Kraslice (Graslitz) und auf dem Olověný vrch (Bleiberg).
Sehenswürdigkeiten: Klingenthal siehe Tour 37, in Kraslice (Graslitz) die imposante Corpus-Christi-Kirche mit Holzkassettendecke und reicher Innenausstattung.
Kurzvariante: Per Bus zur Friedenshöhe, dann nur 2 Std. (7,5 km).

Klingenthal und das böhmische Bublava (Schwaderbach) sind durch einen Bergrücken getrennt, der vom Hauptkamm südwärts zieht. Über diesen verläuft die Staatsgrenze. Die Friedenshöhe ist Grenzübergang für Fußgänger und Radfahrer. Beidseits der Grenze finden wir Holzhäuser im alten Egerländer Baustil. Zahlreiche Skilifte zeigen die Beliebtheit als Wintersportregion. Kraslice erhielt 1470 von Kaiser Karl IV. Stadtrechte, erlebte eine blühende Bergbauzeit und ist Zentrum des böhmischen Musikinstrumentenbaus. Die Firma Amati-Denak hat hier ihren Sitz.

Vom **Bahnhof Klingenthal**, 553 m, durch die Bahnhofstraße bis zur B 283 vor der Eisenbahnbrücke. Auf dieser nach links, bis von der Auerbacher Straße (B 283) rechts die Dietrich-Bonhoeffer-Straße abzweigt. Dort beginnt der rot bezeichnete EB-Weg, zweigt bald links ab und mündet bei Ferienhäusern in einen breiteren Weg. Bei der nächsten Weggabelung links, auf das aussichtsreiche Wiesengelände mit Einzelhäusern, dann oberhalb auf einem Asphaltweg weiter. Schließlich erreichen wir auf dem Kamerunweg

die Siedlung **Körnerberg**, 732 m, wo links ein grün bezeichneter Weg abzweigt. Zunächst aber geradeaus, dann links auf einem markierten Nebenweg weiter, durch ein Waldstück zu Kreuzung mit Asphaltweg. Gegenüber weiter, dann in einem Rechtsbogen zu einer Asphaltstraße, die unweit der Grenze verläuft. Auf ihr links an Einzelhäusern und einer Abzweigung eines grün bezeichneten Weges vorbei bis zu einer kleinen Anhöhe mit Schutzhütte, dem **»Panoramablick«**. Geradeaus durch eine Senke neben der Grenze zum Bus-Wendeplatz und auf der von Klingenthal heraufkommenden Autostraße bis zum **Grenzübergang Friedenshöhe**, ca. 730 m.
Nach rechts über die Grenze und auf gelb markiertem Schotterweg durch Buschwald, dann auf Asphaltweg zur Straßengabelung in **Bublava** (Schwaderbach). Links bis zum Restaurant Langer. Dort rechts durch Wiesen auf blau markiertem Weg zum Wald empor und durch diesen zu einer Kurve am Waldrand mit Weggabelung. Hier rechts in Kürze zum **Olověný vrch** (Bleiberg), 802 m, mit Restaurant und Aussichtsturm.
Vom Gipfel zurück zur Straßenkurve am Waldrand, dort geradeaus durch Wiesen am Waldrand südwärts. Schließlich erreichen wir einen schönen Rastplatz unterhalb vom Tisovec (Eibenberg). Von dort in 10 Min. stärker hinab zur Straße Stribrna (Silberbach) – Tisová (Eibenberg). Gegenüber am Zaun entlang zu einer Wegteilung am Waldrand, geradeaus weiter und abwärts zu einer Kreuzung im Wald. Halb rechts zum Waldrand und an diesem abwärts zur von Klingenthal kommenden Straße 210, unweit der Einmündung der Straße von Bublava (Schwaderbach). Dort wenig rechts zur Kreuzung, nach links über die 210, gegenüber weiter bis zur Svatava (Zwota) und nach ihrer Überquerung links zum Bahnhof von Kraslice (Graslitz).

Egerländer Holzhaus in Bublava (Schwaderbach).

40 Blatenský vrch (Großer Plattenberg), 1043 m

Eispinge, Bergbaustadt Platten und Grenzmarkt

Johanngeorgenstadt – Potůčky (Breitenbach) – Blatenský vrch – Horní Blatná (Bergstadt Platten) – Potůčky – Johanngeorgenstadt

Ausgangspunkt/Ziel: Bahnhof Johanngeorgenstadt an der Strecke Zwickau – Karlovy Vary (Karlsbad), Haltepunkt der Stadtbuslinie 348 und der Linie 334.
Gehzeiten: Johanngeorgenstadt – Blatenský vrch (Großer Plattenberg) 1¾ Std., Abstieg nach Horní Blatná (Bergstadt Platten) ½ Std., zurück nach Johanngeorgenstadt 1¾ Std., insgesamt 4 Std. (15,5 km).
Höhenunterschied: Rund 400 Hm.
Anforderungen: Überwiegend sanfter Anstieg, kürzerer steiler Abstieg vom Gipfel.
Einkehr: Imbiss am Bahnhof, ferner im Wittigsthaler Hof, diverse in Potůčky und in Horní Blatná.
Sehenswürdigkeiten: Unweit des Grenzübergangs Schaubergwerk »Glöckl«, am Abstiegsweg vom Blatenský vrch (Großer Plattenberg), die Ledova jama (Eispinge), ein über 20 m tiefer und weniger als 1 m breiter Spalt im Granitgestein der früheren Zeche Georg. Felsschlucht Vlci jama (Wolfspinge). In Horní Blatná Heimatmuseum und restaurierte Kirche von 1754.
Kurzvariante: Von Horní Blatná (Bergstadt Platten) Rückfahrt per Zug, Gehzeit dann nur 2¼ Std. (9 km).

Der 1043 m hohe Blatenský vrch (Großer Plattenberg) ist ein viel besuchter Aussichtspunkt in Böhmen. Seit 1913 befindet sich auf ihm ein hölzerner Aussichtsturm, aber auch von den Abhängen des Berges bieten sich schöne Aussichten. Die 1532 aufgrund von Zinnvorkommen gegründete Kleinstadt Horní Blatná (Bergstadt Platten) ist ebenfalls einen Besuch wert. Sie ist die Heimat des bedeutenden Erzgebirgskomponisten Hans Soph. Das Grenzdorf Potůčky (Breitenbach) erlebte nach Öffnung des Grenzübergangs durch seinen beliebten Markt großen wirtschaftlichen Aufschwung.
Vom Bahnhof, 676 m, südwärts auf der Wittigsthaler Straße Richtung Grenze. Schon bald über den Breitenbach und zum Grenzübergang. Dort halb links ins böhmische **Potůčky** (Breitenbach) bis zu einer Straßengabelung. Links auf der Hauptstraße zur Eisenbahnlinie. Nach ihrer Überquerung rechts von der Straße ab und auf gelb bezeichnetem Waldweg (Železná

cesta bzw. Eisenweg) aufwärts. Etwa auf halber Höhe mündet von rechts der grün markierte Cesta Antona Günthera (Anton Günther-Weg) ein. In bisheriger Richtung mit der gelben Bezeichnung weiter, bis wir bei einer Kreuzung, 910 m, auf eine Schutzhütte treffen. Dort rechts etwas stärker ansteigen und über den **Blatenský příkop** (Plattener Kunstgraben), ein 1540-54 angelegter 12 km langer Kanal, der früher den Bergbau mit Wasser versorgte. Bald erreichen wir eine Anhöhe im Wald, 967 m, mit einem Stein von 1865. Hier geht der mit einem gelben Dreieck bezeichnete Gipfelweg scharf links ab und führt dann mittels Rechtsbogen zum **Gipfel**, 1043 m, hinauf.
Von dort mit roter Markierung steil hinab zum Waldrand, dann zur **Eispinge** (Abstecher) und entlang der **Wolfspinge** weiter abwärts. Beim ersten Haus beginnt eine Asphaltstraße und geht in einem Linksbogen hinab. Erst mündet von rechts die gelbe Strichmarkierung ein, dann zweigt der blau bezeichnete Rückweg ab. Schließlich kommen wir am **Heimatmuseum** vorbei, das in einem typischen Bürgerhaus aus dem 18. Jh. residiert, und erreichen dann den **Markt** der alten Stadt, 890 m, mit Einkehrmöglichkeit.
Zurück in die Straße Bezrucova, bis von dieser links ein blau bezeichneter Weg abzweigt und an den Hängen des Jeleni h. (Wolfsberg) in nordwestlicher Richtung zurückführt. Der Sand-Fahrweg führt durch einsamen Wald am Hang des Tals vom **Blatenský Potok** (Breitenbach) und erreicht dann ein großes Wiesengelände, wo bei einer Stromleitung der grün bezeichnete Anton-Günther-Weg kreuzt, 1¼ Std von **Horní Blatná**. Wieder in den Wald und nach einer S-Kurve stärker abwärts. Am Waldrand über die Bahnlinie, links hinab (Kirche von 1911) zur Talstraße und nach rechts zur Gabelung im Zentrum von Potůčky (Breitenbach). Zurück auf bekanntem Weg.

Blick vom Plattenberg-Abhang Richtung Auersberg.

41 Klínovec (Keilberg), 1244 m

Von Oberwiesenthal auf den höchsten Erzgebirgs-Gipfel

Oberwiesenthal – Loučná (Böhmisch Wiesenthal) – Klínovec (Keilberg) – Boží Dar (Gottesgab) – Oberwiesenthal

Ausgangspunkt/Ziel: Oberwiesenthal Bahnhof, Endpunkt der dampflok-betriebenen Fichtelbergbahn, ferner Haltepunkt diverser Buslinien, u.a. von/nach Annaberg-Buchholz oder dem Fichtelberg.
Gehzeiten: Oberwiesenthal – Klínovec (Keilberg) 1¼ Std., Abstieg nach Boží Dar (Gottesgab) knapp 1 Std., zurück nach Oberwiesenthal knapp 1 Std., insgesamt 3¼ Std. (12 km).
Höhenunterschied: 400 Hm.
Anforderungen: Anspruchsvolle Wanderung mit steilem Anstieg zum Klínovec (Keilberg), gute Wege.
Einkehr: Unterwegs in Loučná (Böhmisch Wiesenthal), im Hotel Nastrup, auf dem Klínovec (Keilberg), in Boží Dar (Gottesgab) und am Grenzübergang im Berg-Gasthof »Neues Haus«.
Sehenswürdigkeiten: In Oberwiesenthal, siehe Tour 17. In Boží Dar (Gottesgab) die spätbarocke St. Annenkirche von 1722 sowie das Hotel Zeleny Dum (Grünes Haus) mit wertvollen Deckenmalereien, auf deutscher Seite das NSG Zechengrund mit artenreichen Bergwiesen.

Von überall sieht man den Funkturm auf dem Klínovec (Keilberg), während der ursprüngliche Berg-Gasthof und der Aussichtsturm verfallen sind. Fernsichten genießt man auf dieser teils anstrengenden Wanderung reichlich beim An- und Abstieg. Der höchste Berg des Erzgebirges verwandelt sich im Winter in ein Skizentrum mit Abfahrtspisten aller Schwierigkeiten. Boží Dar (Gottesgab) wurde 1517 gegründet und rühmt sich, mit 1028 m Höhe die höchstgelegene »Stadt« Mitteleuropas zu sein. Sie ist der Geburtsort des Heimatdichters Anton Günther (Gedenktafel am Geburtshaus).
Vom **Bahnhof Oberwiesenthal**, 892 m, auf der Bahnhofstraße links (südostwärts) abwärts. Diese trifft auf die Annaberger Straße, der wir in bisheriger Richtung bis zur Pension Forsthaus folgen. Hier rechts durch eine kleine Gasse und über die B 95 zum Grenzübergang. Die Grenze bildet hier der Pöhlbach, der tiefste Punkt der Wanderung. **Loučná** (Böhmisch Wiesenthal) hat nur noch wenige Einwohner und wäre ohne den kleinen Grenzverkehr ein Geisterdorf. Im Ortszentrum, 10 Min. vom Bahnhof, treffen wir auf eine Fahrstraße mit gelber Markierung und folgen ihr rechts. Diese biegt

bald nach links ab, führt aus dem Ort heraus und steigt im Wiesengelände unterhalb vom Klínovec (Keilberg) leicht an. Schließlich treffen wir auf die Straße 219 Vejprty (Weipert) – Božý Dar (Gottesgab) und folgen ihr kurz nach rechts zum **Hotel Nastrup** mit großem Parkplatz, 1000 m, wo die Straße 223 einmündet. Rechts 200 m auf der Straße Richtung Božý Dar (Gottesgab). Dann links auf rot markierten Weg und per Rechtsbogen in den Wald. Der Anstieg führt steil durch die bewaldete NO-Flanke. Unter Kreuzung eines Skiliftes und verschiedener Nebenwege wird größtenteils eine Piste benutzt, bis wir nach rund 250 Hm den **Gipfel** erreichen. Etwas unterhalb haben wir einen Blick ins 800 m tiefer liegende nordböhmische Becken.
Vom Sendeturm auf rot bezeichnetem Weg im lichten Wald abwärts. Weiter unterhalb treffen wir auf den vom Gipfel kommenden Fahrweg, folgen ihm kurz nach rechts, um dann wieder links abzuzweigen. Der Weg führt durch Wald angenehm abwärts zum Wiesengelände um den **Neklid** (Unruhe) mit teils weiter Aussicht. Nach einer Rechtskurve Tiefblick auf Božý Dar (Gottesgab) und zum Bozidarsky Spicak (Spitzberg), mit 1115 m die höchste Basaltkuppe Mitteleuropas. Von dort parallel zu den Liften über die Wiesen hinab zum Ortsrand und nach rechts ins Zentrum.
Von **Božý Dar** (Gottesgab), 1028 m, auf der Straße 25 ostwärts hinauf zum Sattel, 1083 m, zwischen Klínovec (Keilberg) und Fichtelberg. Nach Abzweigung der Straße 219 über die Grenze zur Kreuzung beim Berg-Gasthof »Neues Haus«. Dort rechts in den oberen **Zechengrund** hinab und auf der **»Alten Poststraße«** hoch am Hang zurück nach Oberwiesenthal. Vorbei an einer Ganzmeilensäule, dann weiter, bis wir am Beginn der Karlsbader Straße die B 95 kreuzen. Auf dieser zum Markt und von dort links zum Bahnhof.

Blick zum Keilberg beim Anstieg.

42 Im Osten von Vejprty (Weipert)

Unterwegs im einsamen böhmischen Erzgebirge

Bärenstein – Vejprty (Weipert) – Černý Potok (Pfeil) – Vejprty (Weipert) – Bärenstein

Ausgangspunkt/Ziel: Bus-Haltestelle Bärenstein Rathaus (Linie 411 Annaberg-Buchholz – Oberwiesenthal), alternativ der Bahnhof von Vejprty (Weipert).
Gehzeiten: Bärenstein – Černý Potok (Pfeil), 1½ Std., weiter zur Straße 224 1¼ Std., zurück nach Bärenstein 2 Std., insgesamt 4¾ Std. (rund 18 km).
Höhenunterschied: Rund 350 Hm.
Anforderungen: Anspruchsvolle Wandertour mit mehreren Auf- und Abstiegen.
Einkehr: Bärenstein und Vejprty (Weipert).
Variante: Ab/bis Bahnhof Vejprty (Weipert) 4½ Std. (etwa 16,5 km).

Ein kurzer Abstecher nach Jöhstadt zur Preßnitztalbahn.

Vejprty (Weipert) liegt im Tal des Pöhlbaches, der hier die Grenze bildet. Unschöne Hochhäuser und Industriebauten wirken wenig einladend. Beliebt ist aber der Besuch des Grenzmarktes und die Höhen oberhalb vom Ort bieten fantastische Aussichten. Einige Lifte und Langlaufloipen ziehen auch Wintersportler an.

Vom **Rathaus** in **Bärenstein**, 708 m, nordwärts neben der B 95 bis zum Sächsischen Platz, dort rechts auf dem Grenzweg zum nahen Grenzübergang. Über den Grenzbach Pöhlbach (Polava). In einem Linksbogen vom Grenzübergang weg und geradeaus vorbei am Hotel Yeti zu einem Bahnübergang. Danach links zum Bahnhof von **Vejprty** (Weipert), 713 m. Von dort noch 5 Min. nordwärts, nach Garagen rechts einen Asphaltweg hinauf (blaue Markierung). Wir erreichen bald einen Querweg, auf ihm rechts. Weiter oberhalb treffen wir auf eine Straße, auf ihr 100 m nach rechts, dann links ab. Vorbei an den letzten Häusern zum Waldrand mit Wendeplatz. Vor dem Wald kurz links, dann in ihn hinein. Wir erreichen eine kleine Lichtung mit Kreuzung. Hier rechts und schnurgerade leicht abwärts durch den ursprünglichen Mischwald. Später mündet von rechts ein Weg ein, geradeaus kommen wir gleich zu einer weiteren Kreuzung und über den **Conduppelbach**. Der befestigte Weg macht bald einen Rechtsbogen. Von rechts kommt eine Stromleitung und folgt unserer Schneise. Dann haben wir den höchsten

Punkt erreicht und es geht im Wald erst leicht, dann stärker hinab. Am Waldrand erreichen wir eine Querstraße. Hier links durch das Tal vom **Černá Vodá** (Schwarzwasser) in 10 Min. zum Dorf **Černý Potok** (Pfeil).
Bei einem deutschen Grabmal rechts über den Bach und bergan; am Waldrand geradeaus. Nach einigen Kurven kommen wir zu einer weiteren Kreuzung. Dann biegt der Weg immer mehr nach links und wird ebener. Nach einer deutlichen Linkskurve geht es in gerader Linie etwas abwärts. Kurz danach kommt von rechts ein Asphaltweg, linker Hand eine Rastbank. Geradeaus durch lichtes Waldgebiet und eine Senke. Dann kreuzen wir zwei Nebenwege, und es geht wieder bergauf zu einer weiteren Kreuzung, 832 m. Hier rechts vom Asphaltweg ab und wieder in dichteres Waldgebiet. Nochmals über eine Kreuzung, dann treffen wir vor dem **Trinkwasserreservoir** auf die Autostraße, die von Krystofovy Hamry (Christophhammer) kommt. Auf dieser nach rechts bis zu ihrer Einmündung in die **Straße 224**. Auf der 224 westwärts, bis wir bei einem S-Kurven-Schild einen Fahrweg kreuzen, 792 m. Hier links auf dem unmarkierten Fahrweg in den Wald und bei der folgenden Weggabelung geradeaus. Der Weg steigt etwas an, macht Kurven, und biegt immer mehr nach rechts. Der breite Grasweg verläuft schließlich schnurgerade und kreuzt verschiedene Nebenwege und wird immer undeutlicher. Wir haben beim Abstieg eine weite Sicht. Schließlich treffen wir auf einen Querweg und folgen diesem 50 m links zu einer Kurve, wo wir auf eine gelbe Markierung treffen. Mit dieser nach rechts, dann in einem Linksbogen über den Bach und zu einem Fahrweg. Halb rechts gegenüber am Rand eines Seitentals wenig bergan. Durch dichteren Wald, über eine Lichtung, dann über die Autostraße 224, gegenüber weiter. Am Waldrand treffen wir wieder auf einen Querweg und die ersten Häuser. Rechts auf einem Asphalt-Fahrweg vorbei an Einzelhäusern bergab, zuletzt über zwei Querstraßen und schließlich zum bekannten Bahnübergang. Hier rechts in Kürze zum Bahnhof oder geradeaus zurück nach Bärenstein.

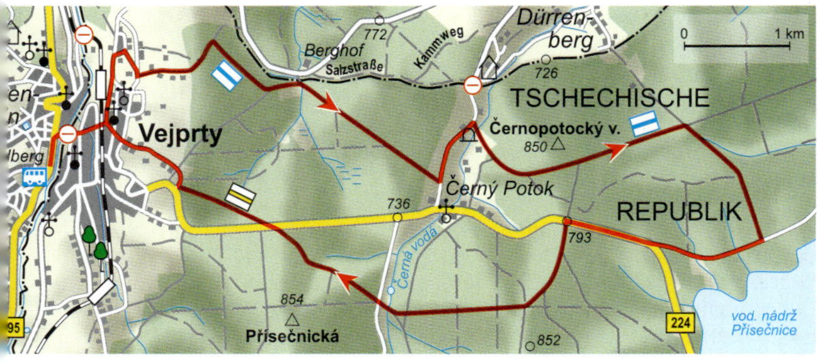

43 Auf die Hochfläche von Malý Háj (Kleinhan)

Tiefe Wälder und weite Aussichten im Gebiet vom Kamenný vrch (Steindl)

Grünthal – Brandov (Brandau) – Malý Háj (Kleinhan) – Gabrielina Hut (Gabrielahütten) – Brandov (Brandau) – Grünthal

Ausgangspunkt/Ziel: Grünthal, Bus-Haltestelle Kulturhalle, u.a. Linie 453 Olbernhau Busbahnhof – Seiffen und zurück.
Gehzeiten: Grünthal – Brandov (Brandau) ½ Std., Anstieg nach Malý Háj (Kleinhan) 2¼ Std., nach Gabrielina Hut (Gabrielahütten) gut 2 Std., weiter nach Brandov (Brandau) 1 Std., zurück nach Grünthal ½ Std., insgesamt 6¼ Std. (ca. 23,5 km).
Höhenunterschied: Rund 400 Hm.
Anforderungen: Keine Schwierigkeiten, längere Abschnitte auf Asphaltwegen, Ausdauer für langen Aufstieg.
Einkehr: Am Grenzübergang auf der böhmischen Seite und in Brandov (Brandau).
Sehenswürdigkeiten: Barocke Kirche in Brandov von 1720–30 mit einer Heiligenstatue, in Malý Háj (Kleinhan) die alte Pfarrkirche und ein Kriegsopfer-Denkmal, östlich oberhalb des Ortes mitten im Wald ein Areal mit Felsbrocken, darunter ein besonders großer, der Eduardstein.

Die Tour führt durch eine historische Bergbau- und Industriegegend. Brandov (Brandau) war bekannt durch Eisenfunde und Kohlegewinnung, Gabrielina Hut (Gabrielahütten) ist eine kleine Industriesiedlung, deren Bewohner in der Eisenhütte arbeiteten. Später wohnten dort Waldarbeiter. Nach der Zwangsumsiedlung der Deutschen blieb das Dorf unbewohnt, die Bauten wurden 1959 abgerissen. Heute gehört die Umgebung zu einem 64 ha großen Naturschutzpark mit Buchen- und Ahornwäldern. Ein weiterer Höhepunkt sind die Aussichten von der Hochfläche um Malý Háj (Kleinhan).
Von der Bus-Haltestelle Kulturhalle in **Grünthal**, 467 m, über die Flöha-Brücke, bis links die Straße »An der Natzschung« abzweigt. Auf ihr vorbei am **Technischen Museum Kupferhammer**, dahinter links zum **Grenzübergang**. Vom Grenzmarkt auf der Autostraße Richtung Brandov (Brandau). Kurz nach dem Ortseingang passieren wir eine Bus-Haltestelle und errei-

chen die Abzweigung einer blauen Markierung (Rückweg).
Geradeaus etwas ansteigend vorbei an Restaurants und der Kirche. Am Ortsende liegt ein Picknick-Platz, dann in den Wald hinein. In einer leichten Linkskurve rechts auf unmarkierten Asphaltweg und den Berg hinauf. Anfangs im lichten Wald stärker bergan, danach weniger steil bergauf. Wir kreuzen eine rot-orange Markierung. Noch einige Minuten in bisheriger Richtung bergan, dann über einen Bach zur von Hora Svaté Kateřiny (Katharinaberg) heraufkommenden Autostraße. Nach rechts mit grüner Markierung, neben der Straße ein kleiner Teich. Im Wald weiter bergan. Kurz nach Verlassen des Waldes folgt eine Linkskurve und wir erreichen die verstreuten Häuser von **Malý Háj** (Kleinhan), 848 m. Bei der Bus-Haltestelle lohnt ein Abstecher zur nahen Kirche. Von dort fantastische Aussicht auf viele Erzgebirgsgipfel!

Rastplatz am Ortsende von Brandov.

Auf der Straße in bisheriger Richtung weiter, links der sehenswerte Felsblock im Wald. Nach 10 Min. erreichen wir eine Kreuzung mit Bus-Haltestelle. Hier rechts mit nun blauer Markierung durch **Rudolice** (Rudelsdorf), 820 m. Am Waldrand treffen wir auf einen Rastplatz und folgen dann dem Asphalt-Radweg. Nach 10 Min. zweigt rechts ein anderer markierter Weg ab, wir biegen nach links. Bald danach deutlich abwärts erreichen wir eine weitere Wegteilung am **Telčský Potok** (Tölzschbach), 712 m. Vor dem Bach rechts gemäß blauer Markierung weiter. Wir folgen immer dem Bachlauf, wechseln die Uferseite und blicken zwischendurch auf bizarre Felsformationen. Oberhalb eines kleinen Stausees zu einem Rastplatz. Nach weiteren 5 Min. treffen wir bei der ehemaligen Siedlung **Gabrielina Hut**, 585 m, auf eine Abzweigung und eine Infotafel zum früheren Hüttenwerk.
Dort nach rechts, auf der böhmischen Seite des tief eingeschnittenen Tales der **Natzschung** (Načetínský potok), die hier die Grenze bildet. Nach einer ¾ Std. vom Fluss weg und in einem Seitental etwas ansteigen. Nach Überquerung des Seitenbachs erreichen wir eine Ferienhaussiedlung, dann auf einem Alleenweg nach **Brandov** (Brandau) hinab, wo wir auf die Hauptstraße treffen. In rund ½ Std. auf bekanntem Weg zurück nach Grünthal.

44 Vom Schweinitztal zur Janov-Talsperre

Technisches Baudenkmal im böhmischen Erzgebirge

Deutscheinsiedel – Grenzmarkt Mníšek (Einsiedel) – Rašov (Rascha) – Vodni nádrž Janov (Janov-Talsperre) – Mníšek – Deutscheinsiedel

Ausgangspunkt/Ziel: Bus-H. Deutscheinsiedel Warte, Linie 453 über Seiffen oder Deutschneudorf nach Olbernhau sowie 737 über Neuhausen nach Freiberg.
Gehzeiten: Deutscheinsiedel – Rašov (Rascha) 1½ Std., Abstieg zur Talsperre ¾ Std., zurück nach Deutscheinsiedel 1½ Std., insgesamt 3¾ Std. (13,5 km).
Höhenunterschied: 425 Hm, verteilt auf 2 Anstiege.
Anforderungen: Auf- und Abstiege wechseln ab, gute, einsame Wege.
Einkehr: In Mníšek (Einsiedel).
Sehenswürdigkeiten: Die heute als technisches Denkmal geltende Talsperre von Janov (Johnsdorf) wurde von 1910-14 erbaut, um die Trinkwasserversorgung der Stadt Most (Brüx) zu verbessern und Frühjahrsüberschwemmungen in den Tälern um Janov zu verhindern; gespeist von 2 Bächen, die hier zusammenfließen. Der 43 m hohe Staudamm besteht aus Bruchsteinen, die Krone ist 226 m lang. Die Wasseroberfläche liegt auf 448 m.

Deutscheinsiedel, 704 m, ist ein ruhiger Ort im Tal der idyllischen Schweinitz, die hier die deutsch-böhmische Grenze bildet.
Von der Bus-Haltestelle auf der Deutschneudorfer Straße in Kürze zur Neuhausener Straße, dort rechts zum **Grenzübergang**. Auf der Böhmischen Seite in einer Kurve Richtung Grenzmarkt von **Mníšek** (Einsiedel) hinauf. Noch davor links über die Wiesen, wo wir bald auf eine rote Markierung treffen. Zwischen zwei Waldstücken hindurch, über einen Bach, dann rechts

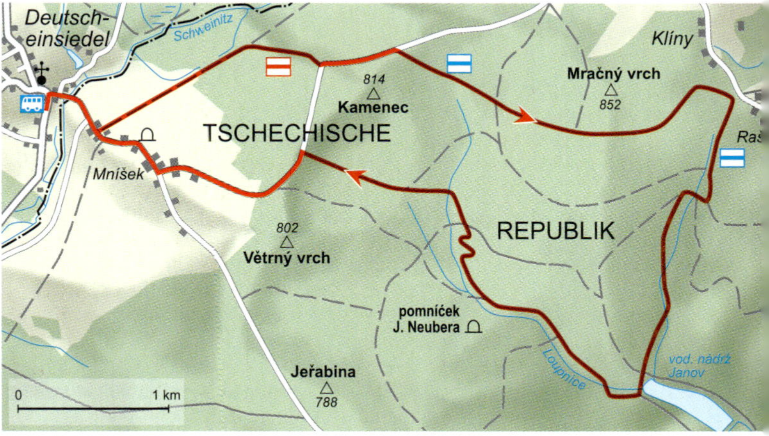

Blick über die Grenze nach Deutscheinsiedel.

vom Hauptweg ab weiter in den Wald hinein. Wir erreichen eine Stromleitung und folgen dieser bergan zur Autostraße Mníšek (Einsiedel) – Kliny (Göhren). Auf ihr etwa 5 Min. nach links, dann rechts auf einen blau bezeichneten Schotterweg. Nach 10 Min. an einer Wegteilung links weiter bergan. Am höchsten Punkt, ca. 820 m, zweigt links eine grün bezeichnete Loipe ab. Blau markiert geradeaus weiter, erst leicht, dann stärker im dichteren Wald bergab. Bei einer weiteren Wegteilung (links ein Zaun), rechts hinab, zuletzt auf Asphaltweg zu einer Straßenkurve nördlich von **Rašov** (Rascha), ca. 760 m. Sofern wir nicht einkehren, berühren wir den Ort, der wenig südlich der Kurve liegt, nicht.

Von der Straßenkurve gleich wieder rechts mit blauer Markierung. Durch Mischwald hinab auf einen Querweg, auf diesem links weiter, dann über einen Bach und neben ihm im **Hammertal** abwärts. Von links mündet eine rote Markierung ein, wir wechseln nochmals die Bachseite und erreichen schließlich die **Janov-Talsperre**, 450 m.

Wir verlassen diese nach rechts auf einem unmarkierten Weg, der neben dem Bach **Loupnice** verläuft und ihn anfangs mehrfach überquert. Nach ca. ½ Std. rechts vom Bach weg bergan, bald deutliche Linkskurve. Nach 20 Min. kommen wir bei einer weiteren Linkskurve nochmals über einen Bach. Bald mündet von rechts ein Weg ein, wir halten uns geradeaus, kommen an einem kleinen Teich vorbei und treffen auf die Autostraße Kliny (Göhren) – Mníšek (Einsiedel). Auf der Autostraße linker Hand weiter. Diese wendet sich bald nach rechts und führt aus dem Wald heraus. Dann erreichen wir die Straßengabelung in **Mníšek** (Einsiedel), 754 m. Dort rechts weiter, an einem alten Denkmal vorbei zurück zum Grenzmarkt und auf bekanntem Weg zurück nach Deutscheinsiedel.

45 Einsame Hochflächen und Wälder um Fláje

Im Quellgebiet der Flöha

Deutschgeorgenthal – Žebrácký roh (Bettlereck) – vodni nádrž Fláje (Talsperre von Fleyh) – Deutschgeorgenthal

Ausgangspunkt/Ziel: Deutschgeorgenthal, Bus-H. Grenzhof (Linie 736 Oberholzhau – Bienenmühle – Neuhausen).
Gehzeiten: Deutschgeorgenthal – Žebrácký roh (Bettlereck) 1¼ Std., weiter zur Staumauer der Talsperre von Fláje (Fleyh) 1¾ Std., zurück nach Deutschgeorgenthal 1¼ Std., insgesamt 4½ Std. (17 km).
Höhenunterschied: [illegible]40 Hm.

Anforderungen: Fahrwege, Teilstrecken auf Nebenstraßen.
Einkehr: Unterwegs im Restaurant Chata Barbara sowie in Český Jiřetín.
Sehenswürdigkeiten: In Český Jiřetín (Georgendorf) Holzkirche aus dem 16. Jh. Sie stammt aus der größtenteils überfluteten Ortschaft Fláje (Fleyh) und wurde 1969 hier neu errichtet.

Deutschgeorgenthal ist ein kleiner Ort an der Grenze zu Böhmen, der 1592 vom sächsischen Kurfürsten Johann Georg I. gegründet wurde. Der heutige Name bürgerte sich Ende des 18. Jh. ein, vorher sprach man vom »Platz an der Haasenbrücke«, benannt nach dem Dresdner Ratsherrn Haase, der hier eine Steinbrücke über die Flöha baute, die offizieller Grenzübergang mit Zollstation wurde. Die Wanderung verläuft auf der böhmischen Seite im Quellgebiet der Flöha. Sie entspringt östlich der Talsperre von Fláje (Fleyh) auf der dortigen Kammhochfläche auf 845 m und verläuft durch die Talsperre, die 1954-63 zur Trinkwasserversorgung erbaut wurde. Bei der Flutung versank der größte Teil des Ortes Fláje (Fleyh) im Stausee.
Gegenüber vom **Gasthof Grenzhof** in Deutschgeorgenthal, 660 m, zum Grenzübergang. Vorbei an den Marktständen erreicht man auf der böhmischen Seite in **Český Jiřetín** (Georgenfeld) bei der Polizei eine Querstraße.

Die Holzkirche in Český Jiřetín.

Hier links auf grüner und roter Markierung bis zu einer Gabelung. Dort links auf einem Asphalt-Fahrweg in ein Seitental und bergauf. Rot markiert (auch FWW E3) vorbei an Ferienhäusern, aus dem Wald heraus und am Restaurant Chata Barbara vorbei. In leichtem Auf und Ab geht es dann zum Ende der Siedlung von **Horní Ves**, 738 m. Auf gelb markierten Schotterweg links ab, im lichten Wald bald rechts, später durch eine Wiesensenke mit Bach und weiter bergan zur Wegteilung **Žebrácký roh** (Bettlereck), 770 m, an der Grenze, am Westrand einer ausgedehnten Kammhochfläche.

Vom Bettlereck südostwärts (unbezeichnet) leicht bergan und durch lichten Wald, dann durch weites Wiesengelände mit vielen kleinen Wasserläufen, das große Quellgebiet der Flöha. Am höchsten Wegpunkt (rund 800 m) macht der Schotterweg eine Linkskurve, folgt dem Waldrand südostwärts leicht bergab und mündet in eine wenig befahrene, breite Autostraße ein. Auf dieser rechts durch lichten Wald und über viele kleine Wasserläufe. Nach 20 Min. mündet von links der rot bezeichnete FWW E3 ein und folgt in bisheriger Richtung der Straße bis zu einer Rechtskurve. Hier gemäß Markierung geradeaus auf einem schönen Wiesenweg weiter, bis wir bei einem Holzkreuz in Gedenken an die früheren Bewohner an Fláje (Fleyh) auf einen Querweg treffen. Kleiner Abstecher hinab zur Talsperre mit den Resten der ursprünglichen Siedlung möglich, hin und zurück 10 Min. Rechts zurück zur Autostraße, die wir bei einem Einzelhaus erreichen, 759 m (Fláje Kostel). Links auf ihr weiter, wobei 2 Min. später rechts der FWW E3 in den Wald abzweigt. Kurvenreich geradeaus auf grüner Markierung zum **Staudamm** bei einer Rechtskurve, 755 m.

Links über die Staumauer in 5 Min. zu ihrem Westende. Auf der dortigen Autostraße 100 m nach rechts, dann links auf einen unbezeichneten Schotterfahrweg und kurz etwas bergan. Durch stillen Wald hoch über der Talstraße talauswärts Richtung Český Jiřetín (Georgenfeld). Nach 45 Min. erreichen wir das erste Haus, passieren 5 Min. später einen Skilift und kommen immer tiefer ins Tal hinab, bis unterhalb von zwei Skiliften rechts vom Weg die zuvor erwähnte Holzkirche steht. Geradeaus weiter, vorbei am Restaurant »u forta« (zum Forst) zur Straßengabelung in **Český Jiřetín** (Georgenfeld) und auf bekanntem Weg zurück.

46 Ins Quellgebiet der Freiberger Mulde

Vietnamesenmarkt und Eisenbahnnostalgie

Rehefeld – Neurehefeld – Moldava (Moldau) – Teichhaus – Neuhermsdorf – Rehefeld

Ausgangspunkt/Ziel: Bus-Haltestelle Rehefeld Grenzweg, Linie 373 Altenberg – Neuhermsdorf – Hermsdorf.
Gehzeiten: Rehefeld – Neurehefeld ¾ Std., Neurehefeld – Moldava (Moldau) ¾ Std., Moldava – Teichhaus ¾ Std., Teichhaus – Neuhermsdorf knapp 1 Std., Neuhermsdorf – Rehefeld 1 Std., insgesamt 4¼ Std. (15,5 km).
Höhenunterschied: Rund 200 Hm.
Anforderungen: Zwei leichte Anstiege, überwiegend breite Wege und kurze Straßenabschnitte.
Einkehr: Auf der tschechischen Seite des Grenzübergangs bei Neurehefeld, in Moldava (Moldau), in Teichhaus.
Sehenswürdigkeiten: Unweit vom Gasthof Teichhaus das unter Denkmalschutz stehende »Alte Teichhaus«, einst Wohnhaus am ehemaligen Grenzfloßteich, ferner Reste der ehemaligen Bahnstrecke Freiberg – Teichhaus – Moldava – Most.

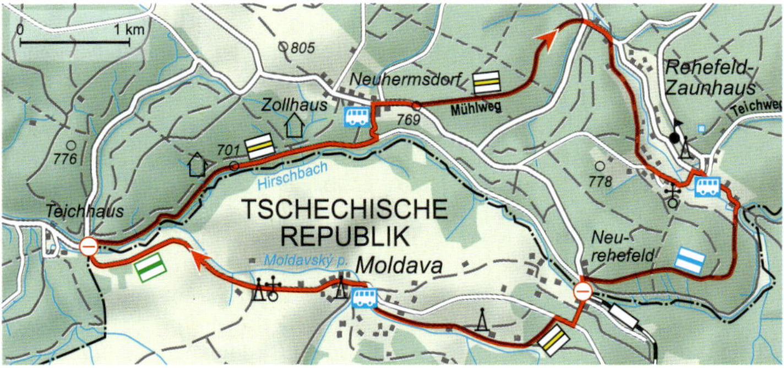

Diese Wanderung führt in das Quellgebiet der Freiburger Mulde, die oberhalb von Moldava (Moldau) als kleiner Gebirgsbach entspringt. Der Grenzübergang bei Neurehefeld, 785 m, ist die Wasserscheide zwischen Freiburger Mulde und Wilder Weißeritz.

Von der Straßenkurve unweit der Bus-Haltestelle in **Rehefeld**, 680 m, zweigt der Grenzweg ab und führt südostwärts talein. Bei den letzten Häusern direkt an der Grenze rechts über die Wilde Weißeritz. Bei der folgenden Weggabelung folgen wir der blau-weißen Markierung in das NSG um den 845 m hohen **Hemmschuh**. An seiner Südseite steigt der Weg leicht an und führt durch einsamen Wald zur Häusergruppe **Neurehefeld**, wo wir der Autostraße nach links zum **Grenzübergang** folgen, 785 m.

Auf tschechischer Seite liegen viele Geschäfte, Restaurants und der Bahn-

Grenzübergang bei Teichhaus.

hof. Auf der Autostraße kurz bergan zu einer Gabelung. Rechts Richtung Moldava, bald bei einer Stromleitung links auf gelb markiertem Weg ins Muldental. Bei einer Weggabelung rechts, vorbei an Häusern zum Waldende, weiter durch Wiesen, entlang an einem Teich, dann etwas rechts zur Autostraße. Auf ihr links über die Freiburger Mulde in das Dorf mit Haltestelle.

In **Moldava**, 720 m, auf der Dorfstraße leicht bergan. An der Kirche vorbei mit grüner Bezeichnung zu einer Weggabelung am Straßenende. Dort halb links gemäß Markierung durch das weite Wiesengelände des Muldentales, bis zu einem Rastplatz am Waldrand. Rechts über die Grenze und zur **Muldenbrücke**, wo der Weg nach Neuhermsdorf abzweigt. Oder zuerst nach links unter dem alten Bahndamm zur Autostraße, dann auf dem alten Bahndamm weiter nach rechts zum Gasthof Teichhaus.

Von Teichhaus, 665 m, zurück zur Abzweigung und geradeaus in den Wald hinein. Mit gelber Markierung entlang der alten Bahntrasse und des **Hirschbaches** zu einem Rastplatz, 10 Min. später mündet von links ein blau markierter Weg ein. In bisheriger Richtung entlang der Grenze in 10 Min. zum ehemaligen Bahnhof Hermsdorf, heute Wanderheim mit Gasthof, dort über den Bahndamm zu einer Abzweigung. Geradeaus auf dem gelb markierten Fahrweg nach **Neuhermsdorf** zur Autostraße bei der Bus-Haltestelle.

Zunächst auf der Straße Richtung Rehefeld. Kurz nach dem Ortsendeschild in einer Rechtskurve links auf breiten Waldweg ab. Dieser gelb bezeichnete **Mühlweg** kreuzt mehrere Nebenwege, macht im Wald eine Linkskurve und führt hinab zu einer Straßengabelung. Hier rechts Richtung Rehefeld zur Brücke über die Wilde Weißeritz. Von dort führt ein Fußweg rechts den Hang hinauf und parallel zur Autostraße taleinwärts. Später kreuzt ein Weg, geradeaus jedoch zur Straße »Am Donnersberg«, dort links hinunter zur Talstraße mit der Bus-Haltestelle Grenzweg.

47 Kohlhaukuppe und Komáří hůrka

Zwei hervorragende Aussichtspunkte in historischer Bergbaugegend

Zinnwald – Kohlhaukuppe – Fürstenau – Komáří hůrka (Mückenberg) – Cínovec (Böhmisch Zinnwald) – Zinnwald

Ausgangspunkt/Ziel: Bus-H. Zinnwald Wendeplatz.
Gehzeiten: Zinnwald – Kohlhaukuppe 1 Std., nach Fürstenau 1 Std., zum Komáří hůrka gut 1 Std., zurück nach Zinnwald gut 2 Std., insgesamt 5¼ Std. (20,5 km).
Höhenunterschied: Rund 150 Hm.
Anforderungen: Lange Wanderung, mehrere Auf- und Abstiege, Asphaltabschnitte.
Einkehr: In den Bergbauden Kohlhaukuppe und Komáří Vizka (Mückentürmchen) und in Cínovec (Böhmisch-Zinnwald).
Sehenswürdigkeiten: In Zinnwald die alte evangelische Holzkirche, weitere unter Tour 33, in Cínovec (Böhmisch-Zinnwald) die katholische Pfarrkirche Maria Empfängnis von 1732.
Kurzvarianten: Zinnwald – Fürstenau 2 Std. (8 km) oder umgekehrt 3¼ Std. (12,5 km), Busverbindung mit Linie 368, u. a. von/nach Geising, dort Umstieg auf Linie 367 von/nach Zinnwald.

Zinnwald-Georgenfeld entstand Ende des 16. Jh. mit dem Zinnbergbau. Nachdem die B 170 teils unterirdisch verlegt wurde, ist es in Zinnwald ruhig geworden. Die Wanderung führt auf zwei einzigartige Aussichtsberge des Osterzgebirges, die Kohlhaukuppe und den Komáří hůrka (Mückenberg).
Von der Bus-Haltestelle, 780 m, ostwärts zum Zinnwaldstübl, dort auf dem Willi-Ernst-Weg zum letzten Haus am Waldrand. Hier zweimal rechts, bei der nächsten Abzweigung geradeaus. Dann erreichen wir eine Schutzhütte.

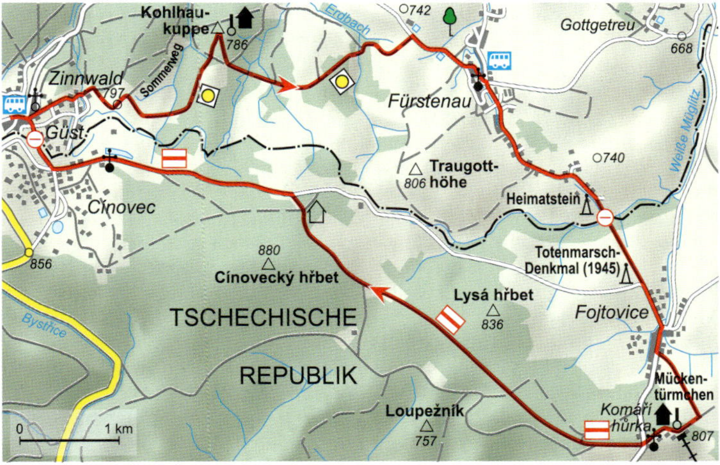

Alte Bergmannskirche in Zinnwald.

Gelb markiert weiter, über eine Kreuzung, vorbei an einer Abzweigung zum Sommerweg und zu einer weiteren Schutzhütte mit Wegteilung. Steiler im Wald hinauf zur **Kohlhaukuppe**, 785 m, mit Aussichtsturm und Bergbaude. Vom Gipfel auf Grasweg Richtung Hüttenteich hinunter. Nach 5 Min. über einen Asphaltweg und weiter auf gelber Markierung. Bei einer Weggabelung rechts, über einen ersten Bach, 5 Min. später über einen zweiten und durch Wald oder Wiesen Richtung Fürstenau. Durch eine Wiesensenke und über einen weiteren Bach zu einer Wegteilung. Geradeaus auf Asphaltweg aufwärts zur Autostraße. Auf ihr rechts nach **Fürstenau** (Bus-Haltestelle).
Geradeaus vorbei am Wendeplatz, dann mittels Rechtskurve durch eine Senke zum **Heimatstein**. Über den kleinen Grenzbach, leicht bergauf, aus dem Waldstück heraus und vorbei am Totenmarsch-Denkmal ins Ortszentrum von **Fojtovice** (Voitsdorf). Mittels Rechtskurve durch das Dorf, nach etwa 5 Min. links auf einem Feldweg hinter einem Haus unmarkiert zu den Wiesen hinauf. Der Weg folgt einem Graben, dann einer Baumreihe und trifft auf einen markierten Querweg. Rechts in 5 Min. zum Gipfel **Komáří hůrka**.
Westwärts auf Straße bzw. Fußweg hinab zur Autostraße nach Krupka (Graupen). Geradeaus auf Asphaltweg weiter zu einer Weggabelung bei einem Gehöft, 730 m, dort rechts auf rot bezeichnetem Sandweg bis zur Abzweigung **Predni Cínovec** (Zinnwald-Wiesen). Es folgt ein Anstieg, dann zu einer Weggabelung bei einer Schutzhütte. Geradeaus bis zur Einmündung in eine Asphaltstraße, auf ihr links zur Kirche von **Cínovec** (Böhmisch Zinnwald). In bisheriger Richtung bis zur von Teplice (Teplitz) kommenden Straße, dort rechts zum Grenzübergang und zurück zur Bus-Haltestelle.

48 Auf den Kapellenberg, 765 m

Einsame Wege im südwestlichsten Zipfel des Vogtlandes

Bad Brambach – Kapellenberg – Duell-Denkmal – Bad Brambach

Ausgangspunkt/Ziel: Bad Brambach Bahnhof, 550 m, an der Strecke Zwickau – Plauen – Cheb.
Gehzeiten: Bad Brambach – Kapellenberg 1½ Std., weiter zum Duell-Denkmal gut 1 Std., zurück nach Bad Brambach ¾ Std., insgesamt 3¼ Std. (etwa 12,5 km).
Höhenunterschied: 200 Hm.
Anforderungen: Kurzer, aber zum Schluss steiler Anstieg zum Kapellenberg, überwiegend schöne Waldwege.
Einkehr: Unterwegs auf dem Kapellenberg.
Sehenswürdigkeiten: Das Heimatmuseum von Bad Brambach widmet sich der Ortsgeschichte. Erwähnenswert ist auch die 1844–46 errichtete Pfarrkirche mit einem kunstvollen Altaraufsatz.

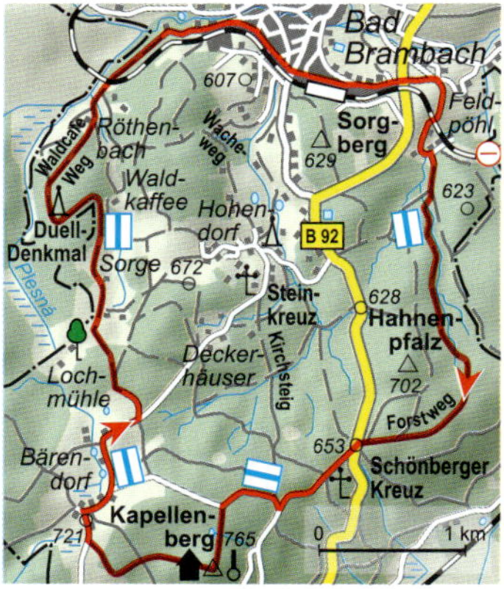

Der Kapellenberg erhebt sich als Eckpfeiler des Vogtlandes rund 300 m über dem südlich anschließenden Becken um Cheb (Eger). Er ist ein einzigartiger Aussichtspunkt, aber nicht der höchste Berg des Elstergebirges. Bereits 1865 wurde auf dem Gipfel eine Vermessungssäule und ein Aussichtsgerüst errichtet. Der jetzige Turm wurde 1997 errichtet. Bad Brambach trägt seit 1922 die Bezeichnung Bad, obwohl das Vorhandensein von Mineralquellen seit dem 15. Jh. bekannt war. Das Kurzentrum liegt westlich vom Ortskern.

Der blau markierte Wanderweg beginnt direkt am Bahnhof, 576 m, unterhalb vom Bahndamm. Mittels Brücke ostwärts über die B 92 zu einer Wegverzweigung. Hier rechts und bald unter der Eisenbahnlinie durch. An Einzelhäusern vorbei zur Abzweigung des Grenzweges. Weiter südwärts passieren wir die Abzweigung **Hahnenpfalz** und kommen wenig später zu einer weiteren Wegteilung. Hier Richtung Schönberger Kreuz und in einem Rechtsbogen hinauf zu einer Anhöhe und zur B 92. Gegenüber auf Nebenstraße weiter. Nach 10 Min. gabelt sich die Straße, hier rechts Richtung Bärendorf. Vorbei an der Abzweigung des Kirchsteiges, dann nach 5 Min. links auf einen Waldweg. Wir kommen **»Am Schwarzen Teich«** vorbei, der höchsten Quelle am Kapellenberg, die sich zum Hochmoor entwickelt. Zuletzt geht es steil zum **Granitgipfel** mit Aussichtsturm und Gaststätte hinauf. Zunächst auf breitem, blau bezeichnetem Weg bergab; der zweigt nach kur-

zer Zeit vom Fahrweg ab und führt westwärts als schöner Waldweg unter Kreuzung von zwei Wegen zu einem Haus. Hier rechts Richtung Bärendorf. Wir treffen im Wiesengelände auf einen Asphaltweg und folgen diesem rechts nach Bärendorf und zu einer Gabelung, wo es links Richtung Hohendorf weitergeht. Bald danach macht die Straße eine Rechtskurve und wir erreichen den Waldrand. Hier zweigt links unser Weg ins **Sorgebachtal** ab. Bald folgt eine überdachte Bank, vorbei an einer Abzweigung durch weites Wiesengelände und schließlich stehen wir an der »Grünen Grenze« vor einem Grenzstein. Hier rechts entlang der Grenze. Diese biegt bald nach links ab, während der blau markierte Weg geradeaus weiterläuft. Wieder neben der Grenze, erreichen wir eine Abzweigung nach Hohendorf, bleiben aber geradeaus entlang der Grenze. Nach 5 Min. führt der Hauptweg geradeaus nach Röthenbach, während links ein Waldpfad dem Grenzverlauf folgt und dann nach rechts zum Rastplatz mit dem **Duell-Denkmal** führt.
Der nun breite Weg führt nordostwärts durch den Wald, trifft wieder auf den Hauptweg und verläuft am Wald-Wiesenrand. Dann kommt von rechts ein weiterer Weg, es folgt die Abzweigung zur Jugendherberge, geht über die Eisenbahnlinie und auf der Badstraße vorbei am Freischwimmbad zum **Kurmittelhaus**. 100 m später rechts ab bis vor den Bahntunnel, davor links parallel zur Bahn auf dem Sprudelweg weiter. In einer Linkskurve vor der Pension Schindler rechts auf Rad- und Fußweg neben der Bahn weiter, hinab zur alten Bundesstraße und gegenüber zum Bahnhof.

Einsamer Hof am Wanderweg.

49 Unterwegs im Musikwinkel

Museen und einer der besten Aussichtspunkte des Vogtlandes

Siebenbrunn – Markneukirchen – Eubabrunn – Wirtsberg – Siebenbrunn

Ausgangspunkt/Ziel: Siebenbrunn Bhf. **Gehzeiten:** Siebenbrunn – Markneukirchen ½ Std., bis Eubabrunn 1 Std., zum Wirtsberg 1¾ Std., Abstieg nach Markneukirchen 1½ Std., zurück nach Siebenbrunn ½ Std., insgesamt 5¼ Std. (21 km). **Höhenunterschied:** Rund 400 Hm. **Anforderungen:** Ausdauer erforderlich, mehrere Auf- und Abstiege. **Einkehr:** Hotel Lindenhöhe, in der Waldschänke, in der Museumsgaststätte Landwüst und im Berg-Gasthof Heiterer Blick. **Sehenswürdigkeiten:** In Markneukirchen Musikinstrumentenmuseum mit über 3 000 Musikinstrumenten aus aller Welt, ferner St. Nicolaikirche von 1848; in Landwüst das Vogtländische Freilichtmuseum, auf dem Rückweg der um 1900 erbaute Aussichtsturm Bismarcksäule, 620 m. **Kurzvariante:** Nur ab/bis Markneukirchen 4¼ Std. (17 km). Die Zentral-Haltestelle in Markneukirchen wird durch verschiedene Buslinien bedient, u.a. Linie 30 Klingenthal – Markneukirchen – Bad Elster.

Markneukirchen liegt im Oberen Vogtland, blickt auf eine 350-jährige Tradition im Musikinstrumentenbau zurück und ist seit 1988 Sitz einer Fachhochschule für Instrumentenbau. Die Wanderung bietet viel Abwechslung, die Möglichkeit, Museen zu besuchen und weite Ausblicke zu genießen.

Vom **Bahnhof Siebenbrunn**, 471 m, nach links auf der Straße bis zu ihrer Kurve, dort geradeaus weiter, immer auf dem unteren Weg bis zu einem Firmengelände. Rechts oberhalb von diesem weiter, dann nach links zum Schwarzbach und immer geradeaus auf der Straße Leithen, bis wir nach Kreuzung des Kirchsteiges in Markneukirchen rechts das **Musikinstrumentenmuseum** finden, ½ Std.

Geradeaus zum Roten Markt und durch die Schützenstraße zu einer Kreuzung, wo halb rechts die Wernitzgrüner Straße abzweigt. Von dieser gleich links in den grün bezeichneten Ludwigsweg, der auf eine Querstraße trifft. Hier links auf Fahrweg über eine Kreuzung geradeaus zum Schwimmbad, dann rechts auf grün markiertem Fahrweg bergan zur Siedlung **Hetzschen**

Blick zur Waldschänke.

(Hotel Lindenhöhe). In einer Linkskurve geradeaus mit gelber Markierung in den Wald bis zur Einmündung in einen Querweg. Dort rechts, wenig später vor einem Einzelhof links und nach **Eubabrunn**, 570 m, wo wir beim Schulteich auf die Autostraße treffen. Links Abstecher zum Freilichtmuseum (rund 1 km).

Rechts auf der Autostraße bis zu einer Kurve, hier links auf grün markierten Weg und über Wiesen hinauf zur **Waldschänke**. Zum Waldrand empor und gemäß Markierung zu einem Fahrweg, hier rechts zur Autostraße Eubabrunn – Wernitzgrün. Kurz nach links, bis ein roter Weg von ihr abzweigt und zum oberen Ortsrand von **Wernitzgrün** unweit des Grenzübergangs führt. Am Waldrand weiter, bei der Wegteilung links in den Wald bis zu einem Fahrweg, dem wir nach links folgen. Bei der folgenden Kreuzung am Waldrand links durch die Felder am Fuße des Wirtsberges aufwärts, dann nach rechts entlang einer Baumreihe hinauf zum **Wirtsberg**, 664 m, Schutzhütte. Vom Gipfel links hinab, auf Querweg rechts und vorbei an der Kirche ins Dorf **Landwüst**. Bald links das Vogtländische Freiluftmuseum; geradeaus zum Kriegsgefallenen-Denkmal, dort rechts Richtung Schönlind. Vor der größeren Gefällestrecke rechts auf rot markiertem Wiesenweg hinab zur **Holzmühle**, vor dieser nach links über den Bach und geradeaus im Wald nordwärts. Vom Waldrand zu einer Kreuzung, Berg-Gasthof »Heiterer Blick«, 602 m. Gegenüber zum **Bismarckturm**, 620 m, hinauf. Per Linksbogen zur Schönlinder Straße, rechts steil abwärts, dann rechts auf der Egerstraße weiter und links den Kirchsteig hinab zur Kreuzung beim Musikinstrumentenmuseum. Auf bekanntem Weg zurück nach **Siebenbrunn**, ½ Std.

50 An der Grenze auf dem Erlbacher Bergweg

Schaubrauerei in Erlbach und Vermessungssäule auf dem Hohen Brand

Zwota – Dreirainsteine – Erlbach – Hoher Brand – Zwota

Ausgangspunkt/Ziel: Bahnhof Zwota, alternativ Busverbindungen.
Gehzeiten: Zwota – Dreirainsteine 1 Std., weiter nach Erlbach 2 Std., Anstieg zum Hohen Brand 1¼ Std., zurück nach Zwota 1½ Std., insgesamt 5¾ Std. (22 km).
Höhenunterschied: Rund 500 Hm.
Anforderungen: Anspruchsvolle Wanderung mit mehreren Auf- und Abstiegen, teils auf schmalen Pfaden.
Einkehr: In Zwota und Erlbach.
Sehenswürdigkeiten: In Zwota die Zungeninstrumenten-Sammlung in der Heimatstube, der Knockhof vom 18. Jh., ferner das Dorfmuseum in Erlbach, sowie die Erlbacher Schaubrauerei.

Zwota geht auf das 17. Jh. zurück und wurde geprägt durch Hammerwerke und Musikinstrumentenbau. Die Tour ist abwechslungsreich und verläuft auf teils romantischen Waldwegen. In Erlbach kann man das lokale Zwickelbier oder auch die Schwarze Seele des kleinen Brauhauses probieren.
Vom **Bahnhof Zwota**, 576 m, auf der Klingenthaler Straße ostwärts, bis in einer Linkskurve rechts der Friedhofsweg mit gelber Markierung abzweigt und über die Bahngleise zum Waldrand führt. Im Wald hinauf zur Döhlerwaldstraße, 610 m, in der folgenden Kurve gleich wieder von ihr ab und stärker bergan. Wir kreuzen einen Querweg, weiter aufwärts zu einem Fahrweg, dort rechts zum Rastplatz **»Am Zauberwald«**, 775 m. Auf dem roten EB-Fahrweg zu einer Schutzhütte, 755 m. Nach Einmündung eines Fahrwe-

Pyramide in Zwota.

ges von rechts erreichen wir eine Wegspinne, hier geradeaus weiter, bis in einer Rechtskurve links der Erlbacher Bergweg abzweigt. Hier befinden sich die sogenannten **Dreirainsteine**, 3 alte Grenzsteine. Der **Erlbacher Bergweg** folgt auf langer Strecke romantisch im Hochwald dem Grenzverlauf. Es geht auf und ab und wir passieren nach ca. 1 Std. eine Quelle. Weiter bis die gelbe Markierung rechts von der Grenze weg zu einer Kurve führt, wo wir auf einen grün bezeichneten Weg treffen. Hier links, wobei kurz danach die gelbe Markierung links abzweigt und ein Asphaltfahrweg beginnt. Oberhalb von diesem auf dem grün bezeichneten Försterweg weiter. Wir passieren die Abzweigung eines roten Weges und treffen auf einen Querweg. Dort rechts zu einer Straße bei kleinem Tümpel, kurz links und gleich wieder rechts durch die Straße »Zum Kegelberg«; dann rechts durch den Wirtsgrundweg zur Klingenthaler Straße. Links zum **Erlbacher Brauhaus**, 520 m, im Zentrum.

In bisheriger Richtung zum Gemeindeamt, dort rechts Richtung Gopplasgrün. Später rechts über einen Bach, in der folgenden Linkskurve auf blauem Weg ab und kurz darauf auf den gelb bezeichneten Erlbacher Bergweg. Von Laubbäumen flankiert aufwärts, bei der Wegteilung rechts, bei den Berghäusern geradeaus zu einem Rastplatz am Waldrand, 689 m. Dann auf blau bezeichnetem Weg in den Wald aufwärts. Auf einer kleinen Lichtung nach links, dann bei einer Kreuzung rechts ab, wenig später Richtung Hochsitz weiter, bis wir zur Kreuzung mit der grünen Markierung kommen. Dort rechts hinauf zum **Hohen Brand**, 803 m, mit historischer Vermessungssäule (keine Aussicht).

Mit grüner Markierung hinab zur **Erlbacher Jagdhütte**, 750 m. Hier links, bei einem Hochsitz rechts auf dem **Dianaweg** zu einer Lichtung, dort grün bezeichnet wieder rechts; nach einer Kreuzung nochmals rechts vom Hauptweg ab und steiler durch ein Seitental abwärts, wo wir auf eine gelbe Markierung treffen. Weiter hinab, dann mittels Linkskurve zum **Parkplatz Hüttenbachtal**, 608 m. Vom dortigen Weg ins Hüttenbachtal links auf dem grünen Talrandweg ab und oberhalb der Autostraße durch Wald und Siedlung ostwärts. Nach ½ Std. steigt der Fahrweg rechts an, während geradeaus ein Fußweg aus dem Wald heraus zum Bahnübergang führt, dort links zur Klingenthaler Straße und nochmals links zurück zum Bahnhof.

Stichwortverzeichnis